光緒廿六年

目錄

第三篇 人事已非的風華

附錄

路過的年代，滯留的心情

走過紫禁城，往事從歷史教科書中跳進了眼眸，傳說也臥成了我因為歷史的脆弱而容易受傷的荏弱心靈。

■

一九九一年三月廿二日，第一次抵達北京城。

當時的心情是激動的。因為，我已經走出了歷史的教科書，走進了可以親自觸摸的歷史，可以親自體驗的歲月悲歡！

穿越紫禁城的午門，走進了這座明成祖朱棣在位時營建的明、清兩代皇宮，喜悅與驚奇之外，也有些許落寞。

這座已經褪色的皇宮，曾經有明代十四個皇帝和清代的十個皇帝，長達四百九十一年，先後在這裡發號施令，統治著中國。

如今，這些人都已經化為塵土，化為歷史書冊上的幾行文字，甚至是一枚驚嘆號而已。

當清朝最末一個皇帝溥儀，被趕下金鑾寶座，正式劃下了紫禁城至高無上權威的句點後。紫禁城依舊，但皇帝不見了！

■

當時，年輕而俏麗的大陸地陪說，紫禁城面積七十二萬平方公尺，房屋近萬間，建築面積有十六萬餘平方公尺，一個剛出生的小孩，如果每一間房子住上一天，所有的房子全部居住一遍後，就已經二十七歲了！

我一直懷疑著。二十七歲，是多長的日子？

二十七年，有九八五五天，二三六五二〇小時，一四一九一二〇〇分，八五一四七二〇〇〇秒！

的確是很難想像的一個數字！

放慢腳步走過紫禁城，許多往事從歷史教科書中跳進了眼眸，許多傳說也臥成了因歷史的脆弱而容易受傷的心靈。

我們很難想像，明代營建宮殿時，運輸木材的方法是將木材滾進山溝，等待雨季山洪暴發，將木筏沖入江河中，順流而划行。

從四川砍伐的木材，通過嘉陵江與岷江進入長江，再經由運河一路北上，往往需要三、四年的時間才能到達北京。

為了運送石塊，動用了二萬多位民工，在冬季下雪時運輸，沿途每隔一里打一口井，路上潑水成冰，一群人同心協力拉著石塊在冰上滑行。

■

從《傾國傾城》（盧燕、狄龍主演）、《末代皇帝》（尊龍、陳沖主演）的清宮電影中，認識了皇宮的生活。

從《康熙傳奇》、《康熙帝國》、《雍正王朝》、《乾隆大帝》、《天下糧倉》、《嘉慶君遊台灣》……等相關的電視影集中，認識了皇帝的生活。

從八國聯軍部隊進軍北京城、慈禧太后與光緒皇倉皇逃亡於西安的歷史中，不得不感慨於弱國的無奈與無知！

路過紫禁城，悲與歡的心情起伏於心海，於是，喜歡歷史也閱讀歷史的日子裡，我決定把光緒皇帝的故事寫下來；但因為瑣事耽擱，一直沒有完成。

奔波忙碌的歲月裡，當年曾經許下的承諾卻仍沒有忘記，於是，從蒐集、閱讀、整理相關資料開始，不知不覺已耗去將近十年的時間，十年來累積的是一疊一疊，幾乎比人還要高的泛黃資料，一事無成的遺憾，午夜夢迴時常忐忑難以入眠。

■

多年以後，夏季。

我獨自一個人坐在電腦前，敲擊著鍵盤，一字一字將曾經吸收與消化的資料，輸入電腦中，完成了這本令光緒皇帝傷心難熬，讓慈禧太后尊嚴盡失，讓國人義憤填膺的「光緒廿六年」。

雖然喜歡歷史，閱讀歷史，但是，自知資質拙劣，如有錯繆之處，還請先進先賢指教；也感謝編輯的細心與協助，讓這本書稿更趨於完整。感恩！

二〇一二年冬至／序於台灣桃園

序曲

慈禧太后向八國宣戰！北京陷入一片火海。

曾經是三千年的古城，如今，已成為西方列強的囊中之物！

清朝，中華帝國最後一個王朝。

這個王朝統治中國二百九十六年，曾經孕育十二位皇帝。

每一位皇帝都有他們的故事，而光緒皇帝——愛新覺羅．載湉也不例外。遺憾的是，這位四歲就進入紫禁城的皇帝，卻無法擁有康熙、乾隆時期的盛事，反而在烽火中受盡屈辱。

雖然載湉深信，改變就能扭轉乾坤，深信清廷必須徹底改變才能有機會繼續存活；但面對改革之路的艱險，載湉憔悴了。

在紫禁城踱著沉重步履的載湉，支持維新派變法，希望振興國勢，於是，交代他的老師翁同龢起草《明定國是詔》，送呈慈禧太后審查，獲得批准後，以康有為、譚嗣同等人推行新政！

但改革，卻可能革掉老人們的命。有人不願意改革，一場風暴在皇宮悄悄醞釀著，隨時可能襲捲那飄搖的政壇。

載湉慌了，康有為則不得不逃亡。

而逃亡，卻似乎染上了大清的國運，沒有歇止……。

■

當清廷一些官員對唸幾句符咒、喝幾口符水便可以刀槍不入的義和團深信不疑時，災難緊隨而來，慈禧太后也踏上逃亡的旅途……。

光緒廿六年（一九〇〇年），烽火四起，義和拳亂與八國聯軍入侵，北京的天空一片腥風血雨。

義和團在京城裡燒殺擄掠，連日施暴，部隊上下陷入一片瘋狂。

日本駐華使館書記員杉山彬乘車路過永定門時，遭遇*部隊攔截，被一湧而上的兵士開腸破腹，屍體也被支解，拋散於路旁。

之後，德國公使克林德在與諸國公使開完會後，冒險前往總理衙門交涉，在途中卻遭遇槍殺。各國公使至此深覺危機浮現，召兵四百餘名進入北京護衛公使館，並甚而要求還政光緒，要慈禧太后交出政權。慈禧太后得知此消息後，十分震怒！

然而，震怒似乎是多餘的。

一場還沒有開打就可以看出勝負的戰爭，在中原點燃戰火！

慈禧太后命大臣寫了十二道絕交書，向八個國家宣戰！

義和團繼續從四面八方湧入京城，大開殺戒，燒教堂、拆鐵路、毀棄外來事物、濫殺無辜，令人心驚。北京成為人間煉獄，清廷已挪不出時間理會遠在千里之外的敦煌。

*這裡的部隊，是指董福祥所率的甘軍。光緒廿六年庚子事變爆發，慈禧太后為加強宮廷安全，召董福祥入京；但其所率部眾，原是西北地區一支紀律較差的土匪軍，且與深信義和團的當政派人士親近，因此常與禁軍及義和團姦淫婦女、濫殺無辜、縱火搶掠。

■

敦煌的天空掠過陣陣強風，一望無際的漠野，顯得淒涼而孤寂。一千六百年前的古物，歷經數朝的經典，如今，卻在荒涼中淪為西方列強的掌中玩物！

光緒廿六年，王圓籙撬開一面通向神佛的巨牆，但當權者忙著，他們看不見這片塵世之外的淨土。離開了敦煌，千里之外的紫禁城裡，慈禧太后正忙著擺弄股掌間的權力，珍妃亦是她手中的一枚玩物；七月，慈禧命太監將樂壽堂前的井蓋打開並將珍妃推入井中，只聽噗通一聲，濺起些許水花，珍妃一生的榮華與青春就葬進井中，一如曾經輝煌的大清王朝在八國聯軍的凌遲之下，逐漸在轟隆轟隆砲聲中，葬進歷史煙流中……。

此時的八國聯軍正步步進逼，六月，大沽炮臺淪陷，三天後，京城的門戶天津陷落了。慈禧太后急了，傳旨兩廣總督李鴻章北上勤王；但此時的李鴻章深知，如果就此挺身而出，恐怕南方數千年的文物古都也將捲入這場風暴。於是，沉思許久的李鴻章給朝廷發了一封電報：

「此亂命也，粵不奉詔。」

當電報傳到慈禧太后手中時，慈禧驚訝不已，沒想到李鴻章會丟給她這個答案。於是在八國的猛攻之下，八月，慈禧不得不挾載湉逃往西安；從此清廷威信澈底掃地，帝國的虛弱表露無遺。

北京，曾是三千年的古城，曾是八百多年的帝都，曾有過多少輝煌往事，曾有過多少精彩傳奇，如今，卻成為西方列強的囊中之物……。

從此，人們真正看清朝廷的腐敗無知，對清廷感到絕望；而當中，最早洞見清廷腐敗事實的，是孫文。

光緒廿年，孫文《上李鴻章萬言書》中向清廷提出改革主張，但未得到重視；於是失望的他，前往檀香山組織了革命團體——興中會，擔任秘書，並於光緒廿六年接任會長。興中會總部設在香港中環士丹頓街十三號，對外以「乾亨行」的名義掩護，籌劃革命事宜，一場自廣州醞釀的風暴漸漸壯大。

第一篇

風起雲湧的年代

1. 曙光滅了

載湉頒佈《明定國是詔》宣佈變法，觸怒了以慈禧為首的黨羽，於是后黨發動戊戌政變，政權再次落入慈禧太后手中！

雪落，冷鋒悄悄拂過北京的天空。

同治十三年（一八七五年）的冬天似乎特別冷，然而，紫禁城裡有一群人沒有任何寒意，急得像熱鍋上的螞蟻。

愛新覺羅．載淳（同治皇帝）出天花了。

皇宮裡瀰漫著不安的氛圍，同治的臥病不起，引起許多人的驚慌；清廷對於「天花」有著一種恐懼症，因為順治也死於天花，所以，每逢萬壽、年終之日，或外藩入覲之時，凡是沒有出過天花的人，一律禁止進京——然而，不幸的事情還是降臨了。

御醫忙得團團轉，每日派一人輪診，以防萬一，慈禧太后另外還命人在乾清門上設置紙紮的龍船九付，以祈禱神祇庇祐。但載淳腰間仍不斷出現腫痛、流膿的現象，脖子、手臂與膝都有潰爛，不久，膿汁雖然漸漸少了，但每日流出的膿汁約有一茶盅之多。

「流膿？好端端的一個人，怎麼會流膿呢？」

有人排除了天花的症狀，深信這是梅毒。

「怎麼會得這種病？」

「我也懷疑，會不會是診斷錯誤？這可是要殺頭的。」

「不會有錯，末期了，治癒的機會不高。」

於是，梅毒逐漸成為在御醫間流傳的憾事。

當御醫束手無策時，十九歲的載淳撒手人間。慈禧太后傷痛欲絕之餘，即使是半夜，為恐夜長夢多，仍十分鎮定的向惇親主、恭親王、醇親王等人宣達懿旨，迎接還在睡夢中的醇親王之子載湉進宮。

大隊人馬匆匆出發，醇親王府顯得熱鬧異常。

夜雖已深，慈禧太后毫無睡意，在養心殿馱著沉重的步履，於西暖閣徹夜等候。依據清代祖宗家法，皇帝死後無子，應由皇族近支中，選出一位晚輩男子繼承帝位。同治皇帝為「載」字輩，其下是「溥」字輩，按規定應從「溥」字輩中挑選；但慈禧太后心裡比誰都還明白，如果立「溥」字輩繼承帝位，自己將因其孫輩為帝而晉升為太皇太后，地位雖然尊貴，卻無法繼續垂簾聽政。於是，她不顧大臣們的建言，堅持從載字輩中選擇嗣帝。

當時最有資格入選的，是恭親王奕訢（道光皇帝第六子）的長子載澂，但由於當時慈禧太后與奕訢不和，更畏懼當時已十七歲的載澂掌權後，奕訢權力過大；挑來挑去，才選中了醇親王奕譞（道光皇帝第七子）四歲的孩子，載湉。

一切都按慈禧太后的計畫進行著，載湉登上皇位正一步步變成現實。期間，內閣侍讀學士廣安和御使潘敦儼上奏，非常曲折委婉的表達意見，但仍是惹得慈禧太后惱火，申誡廣安，免去御使潘敦儼的官職；從此之後，朝中大臣，無人敢言，默默接受了慈禧太后安排的皇帝——愛新覺羅．載湉。

■

清同治末年，朝野中，很少人聽過載湉的名字，然而，在慈禧太后的堅持下，一個陌生的名字擠入了皇帝的行列。他是清朝入關後第九位帝王——清德宗，光緒皇帝。

載湉，是咸豐帝的弟弟醇親王奕譞之子，慈禧太后的外甥，登基時只有四歲。年幼的載湉初入宮時哭鬧不已，因此慈禧太后讓她的母親進宮陪伴，然而，當載湉進宮第三天後，慈禧太后就禁止了載湉與生母見面。

慈禧太后在長春宮，親自扶養年歲尚幼的載湉，載湉與他的母親雖然有點難捨與不願，卻又莫可奈何。不久後，載湉開始在毓慶宮讀書，學識豐富的翁同龢是載湉的老師，他希望能把載湉培養為一位有眼界、有作為的皇帝。

商代以來，歷代一般都設太師、太傅、太保，少師、少傅、少保作為國君輔弼之官，設太子太師、太子太傅、太子太保、太子少師、太子少傅、太子少保作為輔導太子之官。但後來一般都是大官加銜，以示恩寵，而無實權。

明清時期也以朝臣兼任，純屬虛銜。

雖然是虛銜，沒有權力，卻是皇帝身邊親密之人。

歲月荏苒，悲歡於掌中輕輕滑過，十五年過去了，載湉終於喜孜孜地初嚐權力的滋味；然而，龍位還沒坐穩呢，慈禧太后擔心他無法擺平朝中大臣，仍然繼續聽政了兩年，才允許載湉親政；而為了能繼續控制他，慈禧太后又立她弟弟桂祥的女兒為皇后。這些都使得載湉在親政與大婚後，心情始終快樂不起來，一如傀儡般任人擺佈！

「我是大清國皇帝，總該有點作為吧？」

載湉鬱鬱寡歡，整日踱著沉重的步履，希望能為大清做點事，但在慈禧太后的掌控中，他一籌莫展。只是，這一切似乎已成為必需忍受的折磨，時間真可以慢慢將不如意的事磨滅？……載湉如此想著。

■

可是當他滿懷大志準備親政之時，悲劇卻如潮水般湧來……。

首先讓載湉心驚的，是隔著鴨綠江的朝鮮發生了東學黨之亂。

東學黨是朝鮮民間的愛國組織，東學是針對西學而言，他們強調保衛朝鮮的固有文化，而他們眼中的朝鮮文化即是中華文化，所以，稱之為「東學黨」。

當時朝鮮官吏腐敗、國勢衰微，東學黨應亂世而出，卻逐漸變質，其所到之處引起一陣恐慌，殺貪官、劫政庫，行徑與亂民無異。朝鮮官兵欲討伐東學黨，但反被東學黨打敗，於是國王李熙惶然向中國駐朝鮮商務委員袁世凱求救，北洋大臣李鴻章派兵前往救援；當時清廷依天津條約，通知日本，但日本獲知消息後，卻假借參與圍剿東學黨之名義，大舉出兵。

光緒廿年，在紛亂的時局中，清廷原也挪不出太多時間插手局外之事，而陸續抵達朝鮮的日軍卻藉著清廷的疏於防範，趁機調動部隊進攻漢城——在東學黨之亂平定後，清廷原意要照會日本公使，希望中日雙方可以同時撤兵，但卻遭到日本拒絕——日軍藉機占領漢城，劫持朝鮮國王。

這下朝鮮人慌了，在危急之中立即向清廷求援，可是當清廷警覺到日本人的野心、正想派人了解時，日本部隊的槍砲居然轉向了！

北洋大臣李鴻章眼見事態不妙，立即調總兵衛汝貴、提督馬玉崑率軍火速由大東溝登陸，進駐平壤救援，另調派北洋陸軍十餘營部隊渡海馳援朝鮮；可是一切卻已然遲了，日本部隊以迅雷不及掩耳的方式砲擊，擊沉了清廷的運兵船。

遠在北京的清廷官員頓時傻眼，亂了方寸。

「這場戰未免打得太離譜了吧？」

「跟我們有何干係？把我們的運兵船都炸了？」

「我主張立即向日本宣戰，給他一點顏色瞧瞧！」

「不宜介入為上策。」

「難道說，我們的運兵船被炸了也不能吭聲？」

如何應付這場動亂，朝廷官員議論紛紛，拿不定主意，只盼能等到動亂盡早結束，中日雙方再坐下來談一談；然而，清廷的如意算盤打得太過天真，日軍隨後便攻擊了清廷駐紮於牙山的部隊。八月，中日正式宣戰。

戰爭爆發後，清廷的陸、海軍都戰敗。日本陸軍在八月占領平壤；九月，大軍渡過鴨綠江，攻占大連、旅順——甲午戰爭爆發，烽火遍野。

中、日兩國攤牌，受到砲火威脅的清廷似乎惱火了，朝廷中的大臣希望以戰爭來解決問題，慈禧點了頭；但戰爭才剛開始，卻任誰也沒想到，清廷的部隊竟然敗了。清廷的北洋艦隊中，十二艘軍艦有五艘沉沒，七艘因受到砲擊而殘破不堪，當日軍一步一步進逼威海衛時，殘餘的北洋艦隊也自海域上漸漸消失……。光緒廿一年（一八九五年），繁華的遼東半島淪陷。

傷亡慘重的消息傳回北京，朝廷文武官員在早朝時，個個眉宇深鎖。

「怎麼回事？我們的軍隊如此不堪一擊？」

慈禧太后憤怒了。

「你們都啞了？為何不說話？」

群臣噤若寒蟬，面對慈禧太后的逼問，許多人嚇得發抖。

「拿不定主意？身為朝中大臣竟然沒人有對策？」

「臣罪該萬死，請太后息怒。」

大臣們跪倒於地，磕頭請罪。

「傳我的旨意，讓李鴻章去處理這件事。」

慈禧太后揮了揮手，示意大臣退去後，獨自一個人陷入沉思，臉上的憂鬱似乎越來越深了。

接獲旨意的李鴻章也愣住了，他沒想到在如此艱難的時局中，會讓他來收拾這燙手山芋，「咳咳咳……」受了點風寒的李鴻章，剛服過一碗才熬好不久仍微溫的中藥，倏然接獲旨意時，不自覺地咳了幾聲。

李鴻章交代了僕人收拾簡便行李後，匆忙搭船抵達日本赤間關馬關港。下了船，於鹹澀海風中還來不及站穩腳步，在荷槍的日軍護衛下，進入戒備森嚴的春帆樓。

李鴻章以欽差頭等全權大臣身份與日本全權代表展開議和。李鴻章首先要求停戰，伊藤博文則反要求清政府以大沽、天津、山海關為質；雙方脣槍舌戰護不相讓，最後在彼此各有堅持下不歡而散。不料，僵局卻突然被一顆子彈給打破了——中日談判多次未果，李鴻章卻突然遭遇日本浪人行刺，舉世嘩然——最後日方在國際輿論的壓力下，不得不做出妥協，原本屈居劣勢的清廷也終於能夠有所轉圜。

光緒廿一年三月廿三日，李鴻章看了一眼隨行的欽差全權大臣李經方，沒有說話；望著日方代表伊藤博文首相和外務大臣陸奧宗光，對戰敗國而言，眼前的結果似乎已經是最好的了。於是，他心情沉重地手持毛筆，在《馬關條約》的書文中簽下自己的名字。

——清廷承認朝鮮獨立，割讓遼東半島、台灣及澎湖列島予日本，開放蘇州、杭州、沙市、重慶為通商口岸，允許日本在各通商口岸投資設廠，以及賠償日本軍費二億兩……等。

於是，苦難的日子來臨了。

清廷為了償還《馬關條約》的鉅額賠款，不得不向列強大舉借債，而巨額的舉債，讓朝野人士目瞪口呆。

在割地賠款的淫威下，紫禁城淪陷了。

2. 閒人勿近的紫禁城

午門鳴鼓。絲製數丈的大鞭開始抖起來，發出啪啪聲響，文武官員按階級跪安，一起高呼：萬歲，萬歲，萬萬歲！

紫禁城，威嚴的象徵。

這座閒人勿近的紫禁城建築面積有十六萬餘平方公尺，規劃近萬個房間，一個剛出生的小孩，如果每間房子住上一天，所有的房子全部居住一遍後，就已經二十七歲了！

宮殿之大，令人難以想像；而這一切要從明朝皇帝朱棣開始說起。

多年以前，明成祖朱棣把父親朱元璋建構於南京的基業遷到北京後，召集了國內頂尖的工匠，動工興建政治、軍事的統治中心——紫禁城，諾大的皇宮從此，一直沒有平靜過。

好大喜功的朱棣，為明朝開國皇帝明太祖朱元璋的第四個兒子，十一歲時，受封為燕王，鎮守北平。

朱元璋死後，太孫允炆即位為惠帝，改年號為建文。惠帝為人仁慈、英明，然而，果斷略嫌不足，在諸位跋扈的親王環視下，深覺皇位坐得不太安穩，於是，採納了齊泰等人建議，進行削藩工作，希望收回諸王的兵權！

「反了！反了！竟然要我們丟盔卸甲，束手就擒？」朱棣咆哮著。

「王爺請息怒。」

「息怒？我宰了他。宰了他，我這把火還無法消呢，息怒……」

朱棣不滿兵權被削，藉口要清除惠帝身旁的小人，於是調動部隊進行抗爭；經過三年的作戰，在內廷太監的接應下，順利攻下當時的京城南京。惠帝在戰亂中，失蹤了。

燕王朱棣篡位為帝，改年號為永樂；而朱棣起兵抗命篡位為帝的事件，歷史上稱為靖難（平定內亂之意）之變。

朱棣登上皇帝寶座之後，未免重蹈前人覆轍，亦解除藩王的兵權，鞏固中央集權；而由於在發動兵變時，曾經獲得當時皇宮內太監的暗中聲援，於是，開始重用宦官，設置東廠，宦官干政的亂象逐漸浮上檯面。

而這些舉措，雖然讓他在歷史上留下一道殘酷的身影；但他建造紫禁城的魄力，卻是至今仍十分罕見。當時，為了建造紫禁城宮殿，朱棣派遣大臣前往四川、湖南、廣西、江西、浙江、山西，採購上等的木材，派泰寧候陳珪監督紫禁城的興建工程。

建造所選用的木材，大都是產於四川的楠木，而由於路途遙遠，運輸的方法非常特別，是將木材滾進山溝，並製造成一批一批的木筏，等待雨季山洪暴發，將木筏沖入江河中，順著溪流而划行；遇到了逆水潮時，就讓工人暫時上岸拉縴，不讓木頭滑流。從四川砍伐的木材，通過嘉陵江與岷江進入長江，再經由運河一路北上，往往需要三、四年的時間才能到達北京。

另外，宏偉壯觀的紫禁城宮殿，庭院需要用磚二千餘萬塊，城牆、宮牆及臺基用磚量，估計達八千萬塊以上，而每塊磚重四十八斤有餘，共重一百九十三萬皫，每塊磚需入窯一百三十日而出窯；而明代燒製琉璃瓦的地點正是在今日北京正陽門與宣武門之間的琉璃廠。

另外，紫禁城石材的用量之多，在當時建築物中，也十分罕見。當時的工匠腦筋聰明，經常選在冬季下雪時運輸石塊，沿途每隔一里打一口井，路上潑水成冰，一群人同心協力拉著石塊在冰上滑行。據說，當時動用了民工二萬多人，可以想見場面之浩大！

太和殿於明朝初年時，稱為奉天殿，嘉靖年間改為皇極殿，清朝初年才改名為太和殿，是紫禁城內最大的宮殿。明、清兩朝盛大的典禮都在太和殿舉行，包括皇帝即位、皇帝大婚、冊立皇后、下命將領出征與每年元旦、冬至和皇帝生日三大節慶，皇帝都在這裡接受文武百官朝賀與賜宴。

明朝的元旦朝賀大典，場面盛大。

天亮以前，錦衣衛、教坊司、禮儀司、糾儀御史、鳴贊官、傳制官及宣表官、欽天監的有關人等要事先進入崗位。

其中的錦衣衛為明朝皇帝的侍衛機構，前身為朱元璋即吳王位時所設的拱衛司；朱元璋稱帝後年號洪武，元年（一三六八年）改制「儀鑾司」；二年（一三六九年）改制「大內親軍都督府」；十五年，罷府及司，設置錦衣衛，是為皇帝侍衛的軍事機構。朱元璋為加強專制統治，特令錦衣衛掌管刑獄，賦予巡察緝捕之權，下設鎮撫司，從事偵察、逮捕、審問活動，不經司法部門，成為皇帝的耳目爪牙，監視和鎮壓全國官吏和民眾。錦衣衛長官為指揮使，常以勛戚都督擔任。

且說回元旦大典，當人員就定位後，大約在日出前三刻時擊鼓一聲，文武官員在午門外排班站好等候；擊第二通鼓後，由禮部導引入奉天殿廣場，面北而立。

此時，皇帝穿禮服乘輿而出，午門鳴鼓。皇帝先到華蓋殿升座，等到擊了第三通鼓，皇帝升奉天殿寶座；殿外，絲製數丈的大鞭開始抖起來，發出啪啪聲響，文武官員按階級跪安，一起高呼：萬歲，萬歲，萬萬歲！

■

時光荏苒，多年後，留著辮子的載湉，在朝臣「萬歲，萬歲，萬萬歲」的呼聲中，正式成為清朝第十一位皇帝，光緒皇帝！

當載湉一行人在紫禁城踱步時，那已是幾百年以後的事了。雖然看不到宮殿建築時的艱辛，但從一磚一瓦一木中，仍能感受到工匠們的苦，以及那其中閃熠著的智慧。

矮小而臉色顯得有些許蒼白的載湉，在文武大臣的簇擁下，於紫禁城太和殿上登基了；而許多苦難和折磨的考驗，卻也隨著他身形的成長，亦悄悄在紫禁城的一隅逐漸茁壯……

載湉似乎也感受到磨難的逼近，背著手，繼續在紫禁城踱著焦慮不安的步伐。

3. 四面楚歌的年代

康有為是戊戌維新的領袖和策劃者，鼓動皇帝把國號改為中華。在條件尚未成熟的情況下，過於熱切的心，讓他匆忙地裁減舊制、嚴厲處理官員，最終四面樹敵……

紫禁城的蒼穹，冷而陰霾。

載湉蹉著焦慮不安的步伐，他思慮著如何透過改變，讓清廷能擺脫羸弱的折磨。然而，改變就能自枯槁的命脈中浮現生機？

曾經在烽火煎熬中活過來的人，眼見清廷面臨滅絕之危機，因此深信只有澈底改變，才有機會繼續存活——一如清代以前的日本，原是東方弱小的國家，多次遭西方列強之侵擾；明治維新之後，如今竟然反弱為強，國勢驟盛，躍升為東方強國，實力足以和西方各國較量。維新成功的範例，帶給清廷朝野莫大的啟示。

值此時刻，甲午戰後不久，清廷的脆弱已被列強一覽無遺，各國勢力如洪水猛獸般湧入清國，強租港灣、劃分勢力範圍，瓜分之禍迫在眉睫，人人自危。於是，一些人為挽救民族之危亡，從各地奮起，希望能為改革腐敗的政治而尋求救國的方法。

康有為就是其中之一人。

康有為出生於官宦家庭，祖父康贊修是道光年間的舉人，父親康達初當過江西補用知縣。康有為自幼學習儒家思想，曾經到北京參加順天鄉試，卻沒有考取；返家時，經過繁榮的上海，因此買了許多西方書籍，也從此初步醞釀出維新變法的思想體系。

光緒廿一年，康有為再度抵達北京參加乙未科會試，獲知《馬關條約》簽訂，割讓台灣及遼東，賠款二萬萬兩白銀的消息，背脊涼了一半；而正在北京應試的舉人亦群情激憤，對積弱不振的國情感慨不已。

「我們不能袖手旁觀！」

「一定要讓政府知道繼續割地賠款，總有一天會走上滅亡之路。」

「抗議割地！抗議賠款！」

「振作！救國！」

「讀書人團結吧！一起救國吧！」

許多讀書人認為清廷懦弱，必須維新變法才有機會重新站起來。於是，康有為沉不住氣了，首先跳出來著書立論，發行中外公報主張變法，也曾多次上書載湉，要求變法改革，儼然成為當中的領頭人物。

「你的萬言書，皇上看得到嗎？」

「我也無法掌握，可是，不試怎麼知道？」

「萬一走漏了風聲，落入慈禧太后那一派既得利益者手上，這可是殺頭的大罪！」

「變法，哪能不冒風險？何況我們還要在變法中改革！」

康有為面對學生們的質疑，露出堅定的眼神。

一群讀書人經過幾次會議後，聯合了一千三百多名舉人連署，推派康有為等人執筆寫下一萬八千餘字的萬言書──《上今上皇帝書》（亦為康有為的《上清帝第二書》），此又被稱為「公車上書」。

而何為「公車」？

因為當時進京參加會試的舉人，均由各省派送，依漢代孝廉，舉人們皆搭乘公家的馬車前往京城，因此當時的人對進京參加會試的舉人又稱為「公車」，也因此坊間才會有「公車」上書之名。而這也正是當時的知識份子對國家所懷抱著的摯誠之心。

遺憾的是，萬言書卻無法送呈至載湉手中……。同治年間及光緒初年，朝政大權皆掌握在舊勢力的后黨手中，此時載湉雖然親政，亦極力想改變傀儡之地位，但帝、后兩黨紛爭不已，他幾乎沒有施展政權的空間，而這封萬言書當然也沒有機會能送到他的手中。

康有為若想依靠皇帝權力以實行變法，便只能透過載湉的老師——翁同龢。在得到帝師的支持後，康有為第三次向光緒帝上書，希望他的主張能因此獲得載湉的支持，進而化為變法的行動；而這次，他沒有失望，載湉在看到康有為的建言後，滿懷欣喜，好幾次都有意召康有為進宮。可是，卻遭到禮親王百般阻饒。

「本朝成例，非四品以上官員，皇上不能召見！」

「那又有何關係，想召見誰，也受限制了嗎？」

「啟奏皇上，這是本朝成例，不能破例啊！」

「算了吧，誰叫他非四品官員呢？」

無奈之餘，載湉只能命翁同龢代為召見。

翁同龢，江蘇常熟人，咸豐六年進士，曾是光緒皇帝的老師，清代書法家，官至協辦大學士、戶部尚書、參機務，其帝師身分對光緒皇帝帶來的深遠的影響。

載湉陸陸續續從翁同龢那裡輾轉得知康有為的變法，而當時康有為呈獻有名的《應詔統籌全局折》，十分清楚奏明變法綱領，建議載湉詔定國是，除舊佈新。載湉深為所動，決定實行變法，以擺脫后黨勢力的控制。

在紫禁城踱著沉重步履的載湉，支持維新派變法，希望振興清朝的國勢。他交代老師翁同龢立即起草《明定國是詔》，送呈慈禧太后審查，沒想到很快就獲得了慈禧太后的批准；於是，光緒頒佈《明定國是詔》，宣佈實行變法，以康有為、譚嗣同等人推行新政！

之後，也不管「非四品以上官員，皇上不能召見」的成例，破例召見了康有為，兩人相談甚歡，還任命他為總理衙門章京，允許專摺奏事。

而為了讓變法改革能順利進行，康有為還交代在上海主編《時務報》的學生梁啟超，積極鼓吹變法圖強。

於是，一場看起來似乎可以成功的維新變法即將登場了！

■

光緒廿四年（一八九八年），百日維新期間，載湉先後十二次前往頤和園報告變法諸事；變法進行中，從六月十一日至九月廿一日（西元）共一百零三天內，新政之措施陸續頒行：

——撤併閒散重疊之衙門，如詹事府、通政使司等，裁減冗官；允許官民上書言事，廣開言論。裁減綠營軍兵；用新法訓練陸軍。設路礦總局、農工商總局及各省商務局；提倡興辦實業，創立商會、農會。廢除八股，改試策論；取消各地書院，改設新式學堂，如創辦京師大學堂及地方中小學堂；設立譯書局翻譯外國書刊，准許自由創立報館與學會。

遭撤併的詹事府，是唐代到清代的官署之一，主要負責東宮事務；詹事府之設立始於秦代，為太子僚屬，至唐代設詹事府，之後，歷代因循之；明代後詹事府與翰林院的職司出現重疊，最後逐漸喪失原有職能。而另一個遭到撤併的機構，通政使司，始於明代，掌內外章奏和臣民密封申訴之案件，俗稱銀台；明清時，其為收受、檢查內外奏章和申訴文書的中央機構，但由於易受黨人把持，明朝末期已逐漸失去通達下情之用，加之清朝皇帝多直接受理奏章，通政使司已成閒職。

百日為新期間，有些機構撤併了，有些單位成立了，一切似乎欣欣向榮；但沒有人會想到，變法卻將遭遇到極大的阻力！

以慈禧太后為首的后黨，堅決反對變法，因為這不但威脅到他們的既得利益，同時，由於帝后黨爭越演越烈，他們擔心載湉比慈禧太后年輕，一但慈禧太后過世，載湉重新掌權後勢必會對他們不利。於是在后黨朝臣多次遊說慈禧太后下，慈禧終於出面干涉光緒帝，一則要他罷免帝黨首領翁同龢之協辦大學士、戶部尚書等職，二則要求任命慈禧親信榮祿升任直隸總督兼北洋大臣，控制京津。

另外后黨中更有人甚而秘密策劃廢除載湉之帝位。

不料，廢除載湉帝位之消息走漏了，康有為十分震驚，認為不鋌而走險，無法搭救皇帝，唯有殺榮祿、兵圍頤和園、軟禁慈禧太后，迫使慈禧太后交出政權，才能挽救頹勢。康有為透過翁同龢把這個消息轉呈載湉，迫於無奈，載湉同意了。

但誰要來扮演其中的關鍵角色呢？

康有為腦海裡閃過了一個人——袁世凱。

為避免風聲走漏，康有為決定讓譚嗣同趁著深夜，人煙稀少時，在法華寺與袁世凱碰面。

袁世凱知道譚嗣同是載湉派來的傳話人，也不敢怠慢，兩人找了一間書房輕聲交談起來。

「你的意思是要我舉兵殺榮祿，兵圍頤和園，軟禁老佛爺？」

袁世凱露出慌張的眼神，打量著四周，深怕有人躲在暗處偷聽。

「不是我的意思，是皇上的旨意；事成之後，另有重賞。」

譚嗣同從懷裡取中一份密召，交給袁世凱。

袁世凱臉色沉重，點了點頭，看著手中這份密召，許久許久才回過神來。

「此事不宜走露半點風聲！」

「事不宜遲，請盡速行動！」

袁世凱點了點頭，送走了譚嗣同後，一個人在法華寺的書房踱著沉重步伐。

「殺榮祿？軟禁老佛爺？」

想起了譚嗣同的話，不自覺打了個寒顫。想起多年以前，小站練兵時，監察御史胡景桂以「嗜殺擅權」、「剋扣軍餉，誅戮無辜」等多條罪狀彈劾他，榮祿當時視察新軍，力保袁世凱，袁世凱才得以留任，沒有受到懲罰。

榮祿有恩於袁世凱，袁世凱下得了手嗎？

離開了法華寺，袁世凱直奔直隸總督兼北洋大臣榮祿府邸，一場風暴也開始悄悄醞釀；不久，三朝元老，兩代帝師，六十七歲的翁同龢在后黨杯葛下，於生日當天被逐回原籍。

不過翁同龢被逐之後，新政仍然照常進行，有人說，這可能是慈禧太后與載湉之間的協議，以准許新政之推動，來換取翁同龢的歸隱山林。

可惜，這並不是一個結果，卻只是一個開始。翁同龢離開朝廷後，后黨們再度出招，他們認為康有為之所以敢如此囂張，頻頻向載湉進言，一定是受到翁同龢的引薦與撐腰，要求給予嚴厲之譴責。

於是，欲加之罪的罪狀洋洋灑灑頒布天下。在「……辦事多不允協，以致眾論不服，屢經有人參奏。且每於召對時諮詢事件，任意可否，喜怒見於詞色，漸露攬權狂悖情狀……」等罪狀下，翁同龢落淚了。

慈禧太后革除翁同龢之協辦大學士、戶部尚書後，還下詔：凡新命二品以上大員，需由慈禧太后批准！

於是，一場風暴已悄然在皇宮成形，隨時襲捲飄搖的政壇。隨之而來的狂風暴雨，是擒拿戊戌維新的領袖和主要策劃者——康有為。

慈禧太后下了一道諭旨：

——工部候補主事康有為，結黨營私，莠言亂政，屢經被人參奏，著革職。其弟康廣仁，均著步軍統領衙門拿交刑部，按律治罪。

至此，以慈禧太后為主的守舊派，由於擔心權勢的轉移而終於爆發出怒火！取得慈禧太后的首肯後，發出了追殺令——戮殺康有為與梁啟超。

「老師，出去避一避再說！」

「風聲鶴唳，此地不能久留，我們立刻動身。」

「到南方躲一躲？」

「南方也危險，不如到海外避一避。」

「香港？」

「日本應該比較安全，走！我們立即動身！」

康有為與梁啟超獲知消息後，兩人決定逃亡日本避難，兩人有如驚弓之鳥，四處躲藏。

而身為帝黨的首領，載湉，也有點慌了。

為保護康有為等變法派，載湉曾連續下過一道明諭和一道密詔，要康有為等人火速離京；而為了搜捕康有為，軍機處下令兩次關閉城門，派出三千名士兵進行搜查，鐵路一律停止行駛。

不過康有為卻對京城所發生的這些變故全然不知，因為在城門關閉之前，他已去了天津塘沽，打算搭乘招商局輪船前往上海。不過由於當時船上已經沒有一等艙的床位了，他在一家旅館住了一夜，第二天，才改乘英國輪船公司的重慶號離開塘沽港。

當時，得到消息的軍機處立即派兵趕到塘沽，知悉重慶號已離開碼頭後又立即命清軍水師軍艦飛鷹號出海追趕重慶號，在海上航行了六個小時，最終因貯煤燒盡而眼睜睜的讓重慶號從容離去。

這當中還有一段趣事，據說當時朝廷曾向重慶號途經的煙台道台發出密電：

——康有為進毒丸殺大清皇帝，一旦捕獲，即就地正法，欽此。

誰知，煙台的譯電官員有事外出，不在衙門中，別人又譯不出密電的內容，只能乾著急；等譯電的官員回到衙門時，重慶號已離煙台港駛往上海了。

不過事情卻也絕非如此簡單。

由於捉拿康有為有功者，一律賞銀三千兩。當時任上海道台的蔡鈞是軍機大臣榮祿的心腹，他求功心切，於是將北京的密電讓英國駐上海總領事白利南過目，並要求英方在重慶號進港後讓清廷登船搜捕；可在此之前，英國駐北京的權威人士李提摩太牧師早已給白利南發來急電，要他設法營救康有為。

因此，白利南以登輪搜查涉及英國的外交主權為由，拒絕了蔡鈞的要求，不許清廷士兵登船。

雙方為此一度形成僵局。

白利南一方面與蔡鈞周旋，一方面安排英國人卜蘭德乘英國駁船在海上截住重慶號，將白利南的手令和清廷的密電分別讓大副和康有為看。

康有為見到密電，誤以為載湉果真被害，在甲板上面北而跪，嚎啕大哭，想投海自盡，幸被卜蘭德等人拉住；卜蘭德告訴他，英國當局至今未得到大清皇帝的死訊，要他別太心急。然後，將他從重慶號上轉移到另一艘英輪琵理號上，直接駛往香港。

而於此同時，廣東道台亦接獲清廷的密電，連夜率領大批人馬趕到康有為的故鄉南海縣銀塘鄉逮人，誰知到了銀塘鄉，不但未能捕獲這個朝廷欽犯，連康氏族人也早已全部棄鄉而去。廣東道台只好命人將康家的藏書、字畫、家譜等抬到院子裡，放火燒了，查封康氏的所有房產。

康氏族人轉道澳門去了香港，才逃脫滅族的極刑；而康有為在戊戌政變以後，亡命海外，數年間遍遊四大洲三十一國，不僅跨足歐美、加拿大、墨西哥，甚至去過印度、埃及和巴勒斯坦。一場變法的風暴，讓一個讀書人必須飽受四大洲三十一國的滄桑……

■

變法失敗後，政權再次落入慈禧太后手中。

惱怒的慈禧太后對外宣稱載湉生病了，不能治理國事，而將他幽禁於西苑瀛台。雖然很多大臣都想知道真相，卻噤若寒蟬，沒有人敢過問。

兩年後，當浩浩蕩蕩的八國聯軍部隊入侵北京時，載湉仍然被禁錮於瀛台。他完全不知道瀛台外的異國部隊正在啃噬著清朝的江山，不同種族的軍人在北京的街道穿梭，不同花樣的旗幟在北京的天空飛揚，滿清的軍隊瑟縮於一旁，連吭也不敢吭一聲。

誰斷送了戊戌維新？

政變是慈禧的斷然措施，慈禧太后難逃罪責。

而且有人認為，百日維新期間，載湉曾十二次專程赴頤和園朝拜慈禧，如果沒有慈禧的首肯，載湉根本不敢進行這麼龐大的改革。包括《明定國是詔》在內的不少聖旨，其下達前都曾送予慈禧審定；而康有為呈遞的變法條陳和《俄彼得變政記》、《日本變政考》和李提摩太等撰譯的《泰西新史攬要》、《列國變通興盛記》都曾由載湉稟報慈禧太后知悉。

也有人說，百日維新的失敗，是來自於清廷的腐朽。維新派希望藉皇帝之權力來進行自上而下的政治改革，但行動卻侷限於宮庭內的鬥爭，缺乏廣泛的民意支持；而朝廷中各級官僚對於新政的推行均視若無睹，各種變革法令乃被束之高閣。另外，康有為等人官職卑微，既無職權，又缺乏軍隊之支持，變法實際上並無厚實根本。

如今，一場失敗的維新運動落幕了，誰是誰非，是福是禍，也只能留待他年說夢痕！

4. 無期徒刑的囚犯

瀛台的橋板拉下來，迎接載湉上早朝，和慈禧並坐接受群臣朝拜。早朝後，載湉又回到四面環水的瀛台，像一名被叛了無期徒刑的囚犯。

在夢中驚醒的載湉，突然從床上坐起。一臉茫然。想回家投入母親懷抱的衝動於心頭鼓盪著，但他知道，這個願望早已無法實現。揉了揉惺忪之眼，望起帳圍外明亮的燭火。

四歲以後，在紫禁城長大的載湉，童年幾乎與世隔絕。坐在床上，紊亂的思緒於小小的頭顱裡轉個不停，他怎麼也沒想到，走出皇宮之外，竟然還有那麼多強敵覬覦華夏疆域，而離清廷疆域不遠的日本就是其中之一。

明治維新之後，日本勵精圖治，以「富國強兵」為目標進行了多項改革，如廢除封建制度，進行教育、軍事、經濟、立憲、司法改革，並希望能以此要求西方國家修訂不平等條約、放棄治外法權，與列強取得同等地位。

日本的願望實現了。

日本的成功，也刺激許多中國人東渡日本，希望有所發展，如黃興、鄒容、陶成章、廖仲愷、魯迅等人，都曾經到過東京。因為他們看到李鴻章滲淡經營十六年的北洋艦隊竟於甲午戰爭時如此不堪一擊，榮耀沉沒於冰冷而波濤洶湧的浪潮裡，以死衛國的將士不得不向日本人稱臣，最終居然還以割地賠款的方式結束這段令人傷痛的恥辱。這些痛楚，讓中華子民，讓黃興、鄒容、陶成章、廖仲愷、魯迅這群熱血澎湃的男子耿耿於懷。

當然，慈禧太后也耿耿於懷。

割地賠款的噩耗傳開後，慈禧太后的脾氣似乎也暴躁了許多，只要看不順眼的太監，就下命拿下處死，頤和園裡服侍他的太監與宮女，個個人心惶惶。

有一次，一位小太監陪慈禧太后下棋，也許是樂過頭了，趁慈禧太后恍神之際，不知天高地厚的小太監竟然抓起了棋子嚷嚷著：

「奴才殺老佛爺的這只卒！」

慈禧太后回過神來，拉長了臉，瞪了他一眼。

「大膽！你殺我一只卒，我殺你一家子！」

「老佛爺饒命！老佛爺饒命！」

小太監嚇得腿都軟了，整個人攤倒在地上，臉上蒼白，頻頻磕頭求饒。

「饒你不得！」

慈禧太后使個眼色，小太監立即被拖了出去，在一陣淒厲的哀嚎聲中，被棍棒活活打死，鮮血染紅了頤和園偏遠的幾株木樨花。看在眼裡的太監和宮女，個個顫抖不已，擔心自己哪一天因為說錯了話也會遭遇如此悲慘的下場。

而心情憂神恍惚的不只是太監與宮女而已，載湉也神情恍惚。

然而，恍惚又有什麼用？為了掌控載湉的起居生活，慈禧太后在他身邊佈置許多耳目，而皇后是她的第一人選。

慈禧太后對策立皇后一事，心裡早就有了盤算，在載湉七歲時，她就看中了弟弟的女兒靜芬；如今，載湉適婚年齡已到，靜芬正是最適當的人選。

靜芬是載湉的表姐，兩人從小玩在一起，但載湉似乎並沒有特別喜歡她；如今，被迫成婚，載湉沉默了，也不能發表任何意見。除了公開儀式外，兩人很少交談，即使交談，也說不上兩句，完全沒有交集。

「皇上，您有一段時日沒有到臣妾這裡了。」

皇后語帶酸意的發起牢騷來了。

「國事忙，不談兒女私情。」

「可是……」

「退下吧，國事繁，朕無暇聽妳滿腹牢騷。」

載湉對皇后的態度，從「承幸簿」的紀錄就可知悉。

承幸簿，是皇帝和后妃的行房紀錄，由太監逐日記載皇帝召幸各后妃，或皇帝前往各后妃居所的日期和進出時間。后妃有孕後，對照本子，算算日子，便能確定是不是龍種。

婚後的載湉很少和皇后共宿，但和珍妃共眠的次數卻相當多，幾乎每夜都和珍妃在一起，白天也和珍妃有說有笑。皇后不堪冷落，多次向慈禧太后告狀，想藉太后的威權改善和載湉的關係，誰知弄巧成拙，載湉對她卻越來越疏遠了。

皇后開始埋怨珍妃，痛恨她橫刀奪愛。

■

皇后入宮時，載湉看上了與皇后同時入宮，比自己小五歲，精通文史，聰明美麗的珍妃。而珍妃的老師文廷式為翰林學士，在甲午戰後和康有為一起組織了強學會，旨在探討強國之道。文廷式曾說：「日本人無故用兵，以護商為名，其實想吞併朝鮮，但現在國家仍無確實的對付辦法，北平調兵仍趄不前，豈非坐失時機！」

珍妃非常欣賞文廷式的才華與學識，受到他的影響，也投入維新變法活動之中；而在珍妃影響下，載湉更堅定了維新變革的決心。

珍妃出生於官宦世家，她的祖父是陝甘總督裕泰，父親曾任戶部右侍郎，伯父是廣州將軍，而珍妃與姊姊瑾妃自幼就隨伯父在廣州長大，十歲那年，才與姊姊一同返回北京。兩姊妹被選入宮中後，當時十三歲的珍妃被封為珍嬪，姊姊受封為瑾嬪（嬪為九等宮女序列中的第五等），直至慈禧太后六十歲生日，加恩而晉升為妃。

載湉一生僅有一后二妃。載湉大婚後，隆裕皇后逐漸失寵，而瑾妃則與光緒相處漠漠。珍妃生性乖巧、善解人意，工翰墨會下棋，日侍皇帝左右，深獲載湉歡心。

然而，根據清朝制度，妃子例銀為每年三百兩，嬪為二百兩。由於珍妃的開銷甚大，例銀用度不足，於是，串通太監效仿慈禧的行為多次受賄賣官；而因有利可圖，當時太監中最有勢力的數人均染指其中。

慈禧太后知悉後，曾當面拷問珍妃，並從其住處搜出賣官收入的賬本；但珍妃沒有悔意，反脣相識，因而惹來慈禧太后的恨意。慈禧命太監剝去她的衣服，由太監手持竹板重打坦裸的臀部。

自此，慈禧太后和珍妃間就生出了嫌隙，加上維新變法的帝后之爭加劇，慈禧眼裡更是益發容不下[1]珍妃。

有一段時間，珍妃喜歡攝影，曾與載湉互換衣履，拍成各種姿勢的照片；還曾僭越體制，乘坐八人肩輿。而這些，都成了她的罪狀。

一日。慈禧太后存心要給載湉與珍妃一點教訓，在太監與朝臣的陪同下，怒氣沖沖地把所有嬪妃召來，當著載湉的面，下命鞭打珍妃。

載湉一時手足無措。

「親爸爸請息怒！親爸爸……」

「住口！我今天非得給珍妃一點顏色瞧瞧不可！」

怒氣未消的慈禧太后還衝向珍妃，朝她臉頰狠狠賞了兩個耳光。

珍妃跪著，淚水沿著臉頰滑落……

跪在一旁的載湉也只能磕頭求情。

遭受羞辱的載湉與珍妃，對慈禧太后懷恨在心，變法的意識更加堅定了。但他們卻不知道，身邊的太監們正把自己的一舉一動悉數向慈禧太后稟報！

一天夜晚，剛喝過蓮子湯的慈禧太后，在俾女的攙扶下走進書房。突然，一陣緊急的腳步聲響起，慈禧太后心頭不免糾緊起來。

「老佛爺！有一份舉發皇上與珍妃策劃兵圍頤和園的奏摺……」

此時，②李蓮英十萬火急地拎著奏摺向慈禧太后報告。

「兵圍頤和園？大膽！」

慈禧太后接過奏摺，露出狼一般銳利的眼神翻閱著。

① 這段時期（光緒廿年），奉慈禧太后懿旨，瑾妃、珍妃被著降為貴人，珍妃更被關入冷宮，至隔年才將其放出並與瑾妃一同恢複位號。

② 正二品總管太監李蓮英，原是直隸河間府的市井無賴。父母早亡，曾因私自販售硝礦而入獄，出獄後，以補鞋為業；在同鄉沈蘭玉太監的引薦下，前往皇宮當太監。由於曾在辛酉政變中立功，因而在安德海死後，獲得慈禧太后重用。

「珍妃這個奴才也太大膽了！」

慈禧太后突然發出幾聲尖叫，將奏摺扔在地上，李蓮英小心翼翼拾起奏摺，拎在手中。

「走！」

慈禧太后的怒火集中在珍妃身上，認為一切都是珍妃煽風點火，震怒之餘，帶領隨從直接找載湉問罪。

深沉而無風的夜裡，紫禁城顯得一片靜寂，除了更伕的腳步聲外，似乎沒有其他聲音了。在隊伍中間的轎子上，坐著眼露兇光的慈禧太后；在她的前面，走著大總管李蓮英；後面，走著二總管崔玉貴；而在隊伍的最後面，還有步軍統領崇禮。

來到殿外，慈禧太后不理載湉與跪在一旁請安的珍妃，直接步入殿內，找了個上方位置坐了下來。

「搜！給我認真的搜！」

慈禧太后一聲令下，一行人立即翻箱倒櫃，搜出康有為等維新派份子的奏摺。

「通通帶走！」

慈禧太后下令將這些奏摺捆起帶回頤和園，然後在太監攙扶下，起身，一臉怒氣的離去。忽然，她又回過頭來，瞪了一眼跪在地上的載湉，怒氣沖沖地說：

「幸虧老天有眼，沒讓我死去。」

「老佛爺明察，老佛爺息怒！」

珍妃在一旁磕頭求饒。

「住口！等我查出了端倪，有你們好受的。」

載湉心裡相當清楚慈禧太后說的是什麼事，但不等慈禧太后問起，他絕不提起。

「反了？想造反了？就憑你那兩下就想殺榮祿，然後兵圍頤和園嗎？」

「親爸爸，兒臣沒有這個意思！」

「沒這個意思？還是你還沒有這個能力？」

載湉嚇出一身冷汗，低頭不已。

「憑你對袁世凱的小恩小惠，想將他拉過去對付我……哈哈哈哈……」

「袁世凱？」載湉心頭一怔，冷汗直流。

「嚇著了？讓你意外的是袁世凱沒有帶兵殺榮祿，沒有帶兵圍頤和園，也沒有軟禁我。」（詳參第一篇第三章）

慈禧太后以尖銳的音調咆哮著，之後，接過李蓮英遞呈過來的一份密召，朝著載湉的臉扔了過去。

「軟禁？那我就成全你吧！」

載湉緊張得不敢瞄一眼，只是低著頭，恭送慈禧太后。

「回宮！」

慈禧太后揮了揮手，離去。

返回頤和園後，慈禧太后察看密召奏摺，旋即便派人逮捕了參與變法的楊深秀，並派人逮捕載湉御封的軍機四卿譚嗣同、林旭、劉光第、楊銳。

消息傳到載湉耳中時，載湉眼眶紅潤，熱淚不禁流了下來。

■

熱淚終究也會涼了，而載湉，開始在瀛台過著孤獨的生活……

瀛臺之名取自傳說中的東海仙島瀛洲，寓意人間仙境。

這座小島，位於紫禁城西側的湖——中南海，在順治、康熙時期都曾大規模的修建，一度為帝后們的避暑聖地，也是康熙皇帝垂釣、看煙火、賜宴王公宗室等活動之所。

與瀛台隔中海相望的殿宇，如勤政殿，是慈禧處理政務之所。慈禧太后曾在這裡鋪設一條輕便鐵路通往作為別墅的靜心齋。勤政殿西有結秀亭，亭西為豐澤園，園外有稻田數畝，是皇帝演耕的地方。

瀛台島上有十餘宮室，四面環水；在載湉遭慈禧太后軟禁於此後，為防載湉與外界聯絡，慈禧命人將圍牆加修成雙層。

而瀛台為一水中島嶼，故設有橋樑通往勤政殿。但為軟禁載湉，橋板平時卻是被抽開的，只有當太監為載湉送飯時，才會拉下橋板；橋的兩端，更有慈禧太后的親信太監二十四小時監視。

每天早上，瀛台的橋板都會拉下來，迎接載湉上早朝，和慈禧並坐在大殿上，接受群臣朝拜。早朝後，載湉又回到四面環水的瀛台，像一名被叛了無期徒刑的囚犯。

橋板，是載湉與外界溝通的媒介，也是慈禧太后監控載湉的工具。

然而，冬天來臨時，橋板似乎就不管用了。

據說，載湉曾經帶著一位小太監，踏著已經結冰的湖面，離開平日裡四面環水的瀛台與珍妃見面。不幸的是，他的行蹤被發現了。

「皇上離開了瀛台。」

「人呢？」

「與珍妃見面之後，又回去了。」

「當心點，揪緊一點。」

小太監匆忙向李蓮英報告。

總管太監李蓮英一臉驚慌，立刻找了許多人鑿冰，防止載湉再度趁著冬風而藉機脫逃。

然而，載湉為了與珍妃見面，深夜時，仍然透過心腹太監冒死拉船偷渡出去。

變法失敗後的珍妃，被關進了東北三所。東北三所位於景祺閣的北方，是一個單獨的小院。

東北三所和南三所，在明朝是奶母養老的方地方。奶母用自己的奶水把王子、公主餵養大了，有了功，老了，不忍打發出去，就一直住在這些地方直至老死。

珍妃住在三間北房的最西頭的屋子，屋門由外倒鎖著，四扇窗戶中有一扇是活動的，其餘三扇被釘死了。

被囚禁於北三所的珍妃，每日三餐吃的是普通下人的飯，每天還要幹活，一天兩次倒馬桶，由兩個老太監輪流監視，沒有機會與外界聯絡。就有如一隻被厭惡而遭毒殺，奄奄一息的鼠蟻，隨時都保不住自己的命。

受盡磨難的珍妃，日夜都盼著載湉能夠振作起來。可是在慈禧太后淫威壓迫下的載湉，依然沒能有太多表現，反是被太監們嚴密監視而一籌莫展，同樣被困在了瀛台。

不知不覺中，載湉在瀛台度過了十年。

5.鬱卒苦命的妃子

珍妃接旨前，自己梳理了髮絲。身穿淡青色的綢子長旗袍，腳底下是普通的墨綠色緞鞋，一個人走在甬路中間，緩緩走著。

等待她的，不是幸運的事……

十年如雲煙飛逝，沒有留下太多歡喜。載湉在瀛台拘禁的十年歲月，彈指而過；清國似乎也沒有因慈禧太后的掌權而有了富裕與強盛的跡象。

光緒廿六年（一九〇〇年），夏，北京的天空有點悶。浩浩蕩蕩的八國聯軍入侵北京，揚言要慈禧太后把政權還給光緒帝，否則，將緝拿慈禧太后治罪。

八國聯軍逼近京城時，慈禧太后早已準備逃亡，全然無意理會聯軍的要求，她將繼續垂簾聽政，把所有的權勢都握於掌中。

八國聯軍進攻北京，刀槍不入的義和團抵擋不住洋槍洋砲。皇室官員四處逃亡。

載湉自願留在北京和洋人談判。慈禧聽後，冷笑一聲，堅持要把載湉緊緊控制在身邊以制衡洋人。

慈禧太后攜著載湉準備逃往西安，為了掩人耳目，每個人都換上百姓穿著的布衣，聚集於寧壽宮後殿的樂壽堂。這時，慈禧太后忽然想起了一個人——珍妃。於是，慈禧在頤和軒下命召見。

奉命傳旨的太監崔玉貴和王德環來到了東北三所小院，正門關著，門上有內務府的封條。任何人進出都必須走西邊的腰子門。

他們前往時，腰子門也關著，顯得份外寧靜。

崔玉貴和王德環敲開了門，向守門的老太監說明來意，請珍妃接旨。珍妃住北房三間最西頭的屋子，屋內由外倒鎖著，窗戶有一扇是活的，吃飯洗臉都是由下人從窗戶遞進去，不許與任何人交談。

「珍妃娘娘，老佛爺讓奴才帶妳過去！」

「皇上還好吧？」

「託老佛爺的福，皇上吉祥！」

珍妃沉默了片刻，低頭看了一眼身上的裝扮，悽苦的笑了笑。她不願意蓬頭垢面出門，於是，自己梳理了髮絲。

珍妃身穿淡青色的綢子長旗袍，腳底下是普通的墨綠色緞鞋，是戴罪妃嬪的裝束。她一個人走在甬路中間，緩緩走著。她清楚知道，等待她的不會是什麼幸運的事。

珍妃病懨懨地走出東北三所後，經過一段路，抵達了頤和軒。

老慈禧太后已經端坐在那裡了。

頤和軒裡一個侍女也沒有，空蕩蕩的，只有老太后一個人坐在那裡。

珍妃進前叩頭，道完吉祥後就一直跪在地下，低頭聽訓。

「老佛爺，讓皇上留下來吧，紫禁城不能沒有皇帝。」珍妃跪地乞求。

「住口！什麼時候了，輪得到妳拿主意嗎？」

慈禧太后仰首，沒有正眼看她。

「老佛爺！請三思！」

珍妃雖然強烈請求皇帝應該留在北京抗戰，卻不為慈禧太后採納。

慈禧太后看了跪在一旁的珍妃冷冷地說：

「誰也沒料想到會弄到今天這步田地，洋人進京，我擔心妳會遭遇毒手。」

慈禧太后回過頭，踱著細碎步履，揚起下巴，連一眼也不瞧珍妃，靜靜等著她的回話。

珍妃愣了一下，眉宇深鎖。

「請老佛爺放心，我不會給祖宗丟人！」

「妳還年輕，容易惹事。我們要避一避，帶妳走不方便！」

「老佛爺可以避一避，皇上應該留在京師。」

「奴才！妳說什麼？死到臨頭，還敢胡說！」

慈禧太后大聲喝斥，回過頭瞪了她一眼。

「看來，妳必須死，才不會給祖宗丟人！」

「我沒有應死的罪。」

跪在地板上的珍妃不自覺背脊涼了半截。

「大難臨頭，為了維護皇室清譽，不管有罪沒罪都得死！」

珍妃含著淚水頻頻向慈禧太后磕頭。

「臨死之前，我要見皇上一面。」

珍妃淚流滿面，哭訴著。

「皇上也救不了你！把她扔到井裡去！」

慈禧太后一聲令下，太監崔玉貴和王德環連揪帶推把珍妃推到貞順門內的井邊。

紫禁城庭院裡的水井，都築有玻璃瓦蓋頂的小亭，四周圍著雪白的玉欄杆，而東北角的這口水井，井口很小，什麼裝飾也沒有。

一路上，珍妃嚷著要見皇上，可是，沒有人向載湉通報。當珍妃被推入井中時，大聲喊叫著：

「皇上，來世報恩啦！」

隨後，井底發出一聲巨響，珍妃的呻吟聲也消失了。

之後，李蓮英下令再投入大石頭，填實了那口井。二十五歲的珍妃，就這樣魂恨離天，成為權力鬥爭下的祭品。

珍妃死後，瑾妃在淹死珍妃的這口井的北面小屋內，佈置了一個小靈堂，供著珍妃的牌位。大小太監都噤聲地來來去去，四周一片陰森。沒有人為她的不幸遭遇感到半點神傷，而慈禧太后在一行人的護駕下逃難去了。

■

光緒廿八年，也許是向外國列強低頭服輸，動亂終於平息。

一行人浩浩蕩蕩的準備返回京城。

抵達保定車站後，眾人改乘火車繼續北上，在馬家堡站下車。途中，慈禧還多次下諭，指示蕭親王在火車站搭制彩牌樓。

終於，在西洋鼓號樂隊吹吹打打的旋律中，在朝廷官員與外國公使的迎接下，慈禧太后風光回到了紫禁城！

回宮後的慈禧太后，身邊依然有三千六百位太監伺候著，但卻多少有了些轉變；現在的慈禧，改變了對洋人的態度，不再堅持要洋人磕頭，並開始尋找起適合的翻譯。

此時，曾經以大使身分出使日本與法國的裕庚回國晉見，慈禧太后獲知他有二個女兒德齡、榮齡熟悉外文，而特別召見她們，命她們為翻譯員，而德齡為第一等女官。

德齡在裕庚五個子女中，排行第三，在清宮執事期間，為慈禧太后的一等女官；出宮後，嫁給了美國人。

德齡才華橫溢，精通四、五國語言，在她的翻譯下，慈禧太后學會了和公使夫人拉手，學會了笑臉相迎。

嘉慶、道光、咸豐三位皇帝，都曾經因為洋人不肯行拜跪禮而拒絕接見外國大使，直到同治年間，迫於情勢，同治才稍稍作了讓步；而在八國聯軍後，慈禧太后也開始理解了和洋人打交道的重要。如今，為了自己的顏面，也為了珍妃之死引來洋人的輿論，慈禧太后把推珍妃落井淹死的罪名，推給了太監二總管崔玉貴。

於是，崔玉貴被攆出了皇宮。

「當初講的那些話只是氣話而已，誰知崔玉貴竟然逞能硬把珍妃扔下了井。」

為了向洋人圓謊，取得洋人的信任，慈禧太后還同意載湉前往井旁憑弔珍妃。

但憑弔之後，載湉依然被囚於瀛台，依然沒有實質權力……

6. 頂不住的萬里江山

咸豐帝奕詝去世前一天，曾經召見八位親信，囑咐立載淳為皇太子。八位大臣以同治名義，恭封皇后為慈安太后，稱生母為慈禧太后！

權力，是捍衛江山的一把鑰匙。

清朝末年，影響政壇、左右時局的女人，是慈禧太后；而清朝初年，在內憂外患中，協助康熙打下穩固江山、穩定清廷半壁江山的女人，是孝莊皇后。

孝莊皇后母家在毗臨女真部族的科爾沁草原，父親是科爾沁部蒙古貝勒寨桑，在當時都是望族。年輕時，以二十歲的年齡差距，嫁給了皇太極。清朝創建後，第一次冊封后妃而被稱為「五宮」的有五人，全部為蒙古族女子，孝莊就是其中的永福宮莊妃。

孝莊雖為五宮之一，但非皇太極最寵愛的妃子，然而，當時運來時，任何人與任何情勢都無法阻攔——她生下皇子，福臨。福臨正是後來的順治皇帝，母憑子貴，她被尊封為皇太后。

孝莊先後輔佐前清三代帝王（清太宗、清世祖、清聖祖），對滿族入關、滅明、鞏固對漢族的統治饒有貢獻。而他對漢人的禮遇以及對西方知識的尊重，對聖祖康熙帝影響甚鉅；同時，年少的康熙之所以能夠除鰲拜，滅三藩，部分史學家認為身為太皇太后的孝莊更是功不可沒。因此，前清的孝莊經常被拿來與清末的慈禧相提並論，兩個女人，她們都牢牢的抓住了時代的命脈，也都各自演繹出一場精采的歷史大劇。

慈禧太后，滿洲人，生於清道光十五年十月（一八三五年十一月），父親是安徽省地方上的一個小官，上任不久就過世了。年幼的她只能隨著母親回到北京，每日為三餐而憂心，生活十分清苦。

咸豐二年，十七歲，被選入宮。由於年輕貌美，具歌唱天份、聰慧伶俐，很快便擄獲愛新覺羅．奕詝（咸豐皇帝）的心而成為妃子。兩年後，誕下一名男孩，也就是後來的同治皇帝，載淳；由於皇后沒有兒子，為奕訢生下皇子的慈禧，地位也一天比一天攀升，心機也越來越重。

一回，慈禧太后在賞畫，一名小太監不小心把畫弄歪了，慈禧露出不悅的眼神，狠狠瞪了他一眼。

「給我小心點伺候，拖下去，打十大板。」

全身發抖的小太監立即撲倒在地，磕頭請罪。但慈禧沒有饒恕他，小太監很快就被拖了出去；慈禧輕咳了一聲，對著身旁的貼身太監說：

「小順子，我要你打聽皇后那支髮簪來源的消息，有眉目了？」

「我已經安排了人，聽說皇后最近身子不太順，請安的人多了，不方便進出。」

小順子磕頭回答。

「只不過是一支髮簪而已，怎麼辦事的？」

「奴才聽說是皇上賞賜的，需要確認一下。」

「如果是皇上賜的，就幫我拿過來。」

「喳！」

「拿到了髮簪，我就有辦法制她。」

「喳！」

「我要你找的道士找著了？」慈禧太后揪緊雙眉。

「在外面候著呢！」

「傳他進來，我想知道這道士的法力如何，能不能勝任？」

「他是北京城排名第一的道士，人稱李半仙！」

「半仙？半仙真的可以靠著一支髮簪作法，進而掌控一個人的靈魂？」

慈禧太后心裡支支吾吾默想著，眉宇上的疑慮似乎也越來越深了。

小順子低頭不語，跪地磕頭後，緩緩退出。他心裡明白，慈禧生下皇子之後，越來越不把皇后看在眼裡了，處心積慮地想替代她，讓自己成為皇上的摯愛。

而慈禧對於權力的慾望也越來越明朗了。攤牌的時刻，就在奕訢去世的那一刻。

熱河避暑山莊裡，躺在床上已奄奄一席的奕詝，召見了戶部尚書協辦大學士，署領侍衛內大臣肅順及御前大臣載垣、端華、景壽，軍機大臣穆蔭、匡源、杜翰、焦祐瀛等八位親信，囑咐他們立載淳為皇太子。慈禧太后獲知後，為奪得政權，秘密派人回京告訴恭親王皇帝病危，希望他速派一隊兵馬（多半是慈禧太后的本族人）到熱河。

但恭親王奕訢的兵馬未到，御前大臣載垣帶領著歸順他們的軍機大臣、各部大臣已抵達奕詝的寢宮，逼迫奕詝在事先擬好的聖旨上簽字。

——以載垣、端華、肅順……等八人輔政。

不久，活了三十一年的奕詝撒手人間，而遺詔也正式下達：由載垣等人輔政，並授他們「贊襄政務」官職（人稱顧命八大臣）；而當中卻絲毫未提及后妃和恭親王。

之後，載垣以輔政大臣的身份，在熱河代新皇帝接連下了幾道聖旨。

——輔助新皇帝是輔政大臣的職責，應從輔政大臣、皇帝的叔伯兄弟中選取領班一人監國。

聖旨傳到北京，諸多大臣和都察院的官員紛紛上奏，請兩宮太后垂簾聽政。受到慈禧信任的恭親王奕訢卻沒在此時參與上疏，因為他已悄悄離開北京，秘密與慈禧太后聯絡，勸慈禧太后趕緊督促王公大臣護送咸豐的靈柩回京，以免在熱河陷入孤立無援的絕境，政權完全受八大臣所把持。

慈禧太后思慮著何時出手，才能掌握贏的機會。於是，她放出了「新皇帝只有五歲，不提及她的母親，於禮法不合」的風聲；載垣等八大臣恐節外生枝，加上當時駐紮熱河的軍隊接獲恭親王奕訢密令，也傾向支持慈禧太后，八人有所顧忌；同時又因北京方面尚未安排妥當，不宜行動，打算回到北京後再收拾慈禧太后等人。於是經過一夜的思慮後，次日八大臣又代皇上下了一道聖旨。

——尊奉東宮和慈禧兩人為太后。

雖然八大臣退了一步，但他們知道，只要慈禧太后一天不除，他們就一天不能安寧；而慈禧太后也知道，想要掌權，就必須廢除肅順等八位贊襄政務，避免他們干政，影響她的佈局。於是，她召見了從北京城一路快馬加鞭趕往熱何的恭親王奕訢，兩人為政權之轉移而漏夜私語。

「此時此刻妥當嗎？」

「事不宜遲，就趁現在。」

「我擔心會留下話柄。」

「事成之後，有你的好處。」

恭親王奕訢沒有回話，他開始惦量著慈禧太后的份量。

「你心裡明白，載淳是我的兒子，你必須選邊站。」

「這個我了解，我會考慮的。」

「這個時候出手，我們才有贏的機會，別考慮太久，等我消息。」

恭親王奕訢辭退後，忐忑不安的回到了王府，左思右想後，他決定放手一搏；而權力慾望不斷膨脹的慈禧太后也懂得抓住機會，為了能掌握權勢，她出招了！

時機點就選在奕訢的靈柩離開熱河送往北京的時刻。咸豐十一年，趁著朝中大臣都忙著處理這趟喪禮，慈禧悄悄聯合恭親王奕訢與另一批王公大臣發動政變，史稱辛酉政變。肅順等八大臣迅速遭到逮捕，並廢了他們贊襄政務之職。

由於八位贊襄政務被廢了，載淳（同治皇帝）年幼，接掌皇位後也插不上手，因此由慈禧和慈安兩位太后垂簾聽政，直至西元一八八一年，慈安太后突然暴斃，整個清朝的江山全然落入慈禧太后手中。

從此之後，慈禧大權在握，統治中國長達四十八年。

■

而在這段漫長歲月裡，各地陸續湧起的反清活動卻也從未平息。其中尤以歷時十五年，戰火遍十六省才平定的太平天國事件，更讓慈禧太后一夜之間髮都白了。

太平天國領袖洪秀全是廣東花縣人，出身於農民家庭，稱耶穌為天兄，自稱為上帝的次子，在廣西桂平縣金田村聚眾起義後，勢如破竹。洪秀全自稱天王，封楊秀清為東王、馮雲山為南王、蕭朝貴為西王、韋昌輝為北王、石達開為翼王，指揮部隊一路騷擾著滿清的疆域。

當他們定都天京後，立即頒佈《天朝田畝制度》，規定土地公有，財富均分；頒行新曆，天曆定三百六十六日為一年，單月為三十一日，雙月為三十日。

然而，天國的好光景並沒有因為新曆的頒行而得以延續，反而因內鬨而走上滅絕之路。由於太平天國前期，天王洪秀全少理朝政，權力大都旁落東王楊秀清之手；但隨著其態度逐漸囂張跋扈，引來北王韋昌輝殺意。一八五六年九月，韋昌輝及燕王秦日綱在洪秀全授意下誅殺楊秀清，韋昌輝更趁機殺害其幕府部屬、家人及其他軍民共兩萬多人，史稱「天京事變」。其後，太平天國內部的諸多矛盾浮上檯面，最終造成三王被殺，翼王遠走的局面，最後更導致了太平天國的衰敗。

而天國之亂起，烽火綿延，大清百姓苦不堪言。慈禧太后命曾國藩、李鴻章統率部隊圍剿，勢衰的太平軍節節敗退，退無可退的洪秀全最終選擇了自殺。天京陷落，守城的太平軍全部戰死，無一倖存。於是，與清廷對抗了十五年的太平天國終於從清廷的土地上消失。

■

而動亂期間，由於大權在握的慈禧太后信任並重用曾國藩與李鴻章，一度讓清朝江山得以暫時穩定下來；但這樣的好光景卻同樣沒有持續太久，慈禧太后為了自己的六十大壽，挪用海軍的公帑修建西苑三海與頤和園，就此鑄下了難以挽回的大錯，點燃了甲午戰敗的引信。

且說，頤和園到底是怎麼樣的一個地方？

頤和園原是金國首領完顏亮的行宮。明朝時，才納為皇家的御用園林。清乾隆十五年，乾隆皇帝綜合了江南園林的秀麗之美，重建為「清漪園」，園中有殿宇房舍，有佛香閣、排雲殿、德和園、大戲樓的建築，雕樑畫棟，美不勝收。

從紫禁城到頤和園有一段路，凡是慈禧太后經過的路，都需事先鋪上象徵中國帝皇顏色的黃沙，慈禧太后必須是第一個走這條路的人；當她回來時，這條路上的黃沙也必須換好。

途經的路上，每條街都是寂靜的，每一條路都是空的，街道兩旁所有的房子的門都是緊閉著，除了有某種官階以上的官員，沒人敢在慈禧太后經過時抬頭看一眼的，否則，就犯了殺頭罪！

為接見臣僚與處理朝政，慈禧太后在進入頤和園的正門內，建置一個宮廷區，以高約六十公尺的萬壽山和占全園面積百分之七十八的昆明湖為主體。昆明湖是清代皇家諸園中最大的湖泊，其他著名的湖泊尚有明朝時稱為南海的瀛台，中海的蕉園，以及北海的五龍亭，後合稱西苑三海，亦是清代重要的皇家園林。

北海，是三海中最大的一個，是元、明、清時代皇城內西苑太液池的一部分。

北海宮苑是現在的北海公園，公園裡曾經有一條鐵路，雖然已經不見了，可是，卻是當時的北洋大臣李鴻章委託法國製造，進獻給慈禧太后的。慈禧太后在北海的運行，就經常利用這條壽命只有十二年的西苑鐵路；八國聯軍占領北京後，把鐵軌、車站與小火車都給毀了。

載湉的師傅，當時的戶部尚書翁同龢的《翁文恭公日記》記載：

——光緒十四年十一月初六日，合肥以六火輪車進呈（五進上，一送邸），今日呈太后御覽。今紫光閣鐵路已成……

這是西苑鐵路的前身路段，十一月六日，當時的大學士、直隸總督李鴻章進呈的火車已經運抵北京，火車有三節車箱，長約三四丈，是對面兩列可以容納二十八人的窄軌火車。

行駛於宮苑禁地的西苑鐵路，雖然不是京城首見的鐵路，卻是載湉與慈禧太后第一次見到的火車與鐵路；遺憾的是，被八國聯軍部隊摧毀後，就一直沒有復建，北海的風采似乎也因此遜色了些。

談起北海，還有更遙遠的故事。

在歷史上，北海曾經是永定河的河道，唐代時位於薊城的東北方。而北海園林的開發始於遼代，金代又在遼代初創的基礎上，建造了一座太寧宮，於西元一一七九年時建造完成後，更名為萬寧宮，是金代皇帝遊玩避暑的一處重要離宮。

太寧宮的園林布局沿襲了中國皇家園林「一池三山」的規制，當時，太寧宮的範圍包括今日的北海、中海與附近的區域，宮中建有許多殿宇樓臺，宮苑附近是一片綠油油的稻田。

元朝，忽必烈遷都，在北海的瓊華島上建了一座新的都城——元大都。

忽必烈建立帝國後成為蒙古汗國唯一的宗主，建都北京。

元朝把境內的子民分為四等，第一是蒙古人，第二是色目人（中亞人），第三是漢人（中國北方人），第四是南人（中國南方人）；把職業的等級分十級：官、吏、僧、道、醫、工、匠、娼、儒、丐，讀書人的地位比娼妓還低。

而都城建立之後，瓊華島改名萬壽山，之後又改為萬歲山。萬歲山所在的湖泊，稱為太液池。清順治年間，在北海建西藏式的白塔，把萬壽山改名為白塔山。

江山更易，歲月在風雨中嬗遞，如今，已是慈禧太后六十歲壽誕及將來臨之時。她不顧大臣們的諫言，希望能重修在咸豐十年（一八六〇年）第二次鴉片戰爭中遭英法聯軍毀損的清漪園和西苑三海，其中，清漪園改名為頤和園，占地約二九〇公頃，利用昆明湖、萬壽山為基址，以杭州西湖風景為藍本，規劃為避暑勝地。

重新修建西苑三海與頤和園，龐大經費從哪裡來？除了朝中大臣認捐外，慈禧太后更不惜挪用海軍軍費的五百萬兩白銀！工程耗費十年，民力物力無止盡的投入，最終導致國立衰竭、軍備停滯，引燃了甲午戰爭潰敗的引信。

■

但這些瑰麗的皇家園林，卻成了洋人們的居所……

光緒廿六年，八國聯軍部隊進攻京時，北海一度成為日、法、俄國的聯合司令部。失去了避暑之勝地，慈禧心中頗為不樂，而八國聯軍更是慈禧太后心中的痛。

原本，慈禧太后希望藉助義和團的威猛嚇退洋人，但由於錯估了義和團的實力，最後卻引來八國聯軍攻打北京，喪權辱國，成了割地賠款的悲劇。對這件事慈禧太后一直耿耿於懷，卻又莫可奈何。

「連一座頤和園都保不住，要你們這些奴才做什麼？」

慈禧太后憤怒了，在一次早朝時，數落文武百官。

「李大學士，你說說看，洋人再這樣鬧下去，怎麼得了？」

李鴻章雙手緊握於胸前請罪，低聲說：

「臣知罪，臣無能，讓老佛爺受驚了！」

載湉句句聽進耳裡，也莫可奈何。

親政後，雖有意改革，也很想有一番作為，不意大力支持變法的結果，卻是被慈禧太后幽禁於瀛台，慈禧還假皇帝之名發布籲請太后訓政的詔書。

時間回到戊戌政變之時。

當時變法派的讀書人們，一直都支持皇上親政，對於慈禧太后的干政一直不以為意。以譚嗣同為首的六個人開始發表言論，希望能讓載湉親政，把政權還給皇上。

「這群奴才窮嚷嚷什麼？」慈禧太后側頭問太監李蓮英。

「他們說，希望把政權……把政權……」李連英支支吾吾，始終不敢說出把政權還給皇上這句話。

「好了，不用支支吾吾的，我知道你想說什麼。」

「奴才該死！」

「他們是一些什麼人？」

「譚嗣同、林旭、楊銳、楊深秀、劉光第、康廣仁，人稱六君子。」

「什麼六君子不六君子的，想造反啦？傳我旨意，通通給我拿下。」

慈禧太后聽到了譚嗣同等人的逆反行為，大為光火，下命緝拿這群讀書人。

於是，一群訓練精良的禁衛軍悄悄出了紫禁城，在非常短的時間內搜捕了譚嗣同等人，將他們五花大綁關進刑部大牢，等候審判。慈禧太后正在氣頭上，看到刑部呈上來緝獲人犯的奏摺，立即下命刑部，譚嗣同、林旭、楊銳、楊深秀、劉光第、康廣仁等六人無須審問，立即押解至菜市口砍頭。

因為當時刑場設在宣武門外菜市口，犯人問斬都是從宣武門出往菜市口，城門洞頂上刻有「後悔遲」三字。六君子被戮殺時，回首望了一眼「後悔遲」時，嘴角不自覺浮起一抹笑容。

六君子被戮殺後，慈禧太后的危機仍未解除，還政於光緒的呼聲依舊不絕於耳。之後，慈禧下命通緝康有為與梁啟超，罷免維新派官員陳寶箴、江標、黃遵憲等數十人。而為鞏固自己的統治，重振昔日權威，慈禧把自己重新定位為改革家，一心一意要成為戊戌變法的遺產繼承人。

慈禧太后推行的新政的主要內容有：

——振興商務，獎勵實業，鼓勵私人資本自由發展。廢除科舉，舉辦新式學校，鼓勵年輕人出國留學。改革軍隊，建立新軍，裁撤傳統的綠營、旗兵。改革官制，實行預備立憲。

然而，新政似乎沒有為大清奠定太多的富國基石。

還不及待清國富國強兵，俄、美、英、法、日、德、意、奧的八國聯軍，已然帶著精良武器與兵力浩浩蕩蕩的前來攻打滿清帝國，清廷束手無策，義和團也不堪一擊。

烽火連天的歲月，聯軍持續地燒、殺、擄、掠，終於引發了百姓的怒吼，在民意的浪潮聲中，慈禧太后一邊向八國聯軍部隊宣戰，一邊在朝廷官員與載湉的陪同下，選擇了逃亡。

這不是慈禧太后第一次的逃亡，咸豐十年，為躲避英法聯軍之難，慈禧太后曾經陪著奕詝倉惶逃亡熱河行宮。

「熱河行宮」為避暑山莊，位於河北省承德市的北部，是中國現存最大的皇家園林，俗稱「承德離宮」。

最早建於西元一七〇三年，歷經康熙、雍正、乾隆三代皇帝先後八十九年精心營建，面積相當於北京頤和園的兩倍、北海公園的八倍。山莊內有樓臺殿閣，寺觀庵廟等古建築，其中就有康熙皇帝以四字命名的「康熙三十六景」和乾隆皇帝以三字命名的「乾隆三十六景」，史稱「康乾七十二景」。

乾隆時期建造的熱河行宮，原是皇帝倦勤時遊幸的地方，不亞於紫禁城，美麗而奢華。避暑山莊在清朝的歷史上曾有過重要的作用，素有「第二個政治中心」之稱。清朝從康熙皇帝起，先後有七位皇帝到避暑山莊消避暑與理政，而嘉慶、咸豐兩位皇帝就是在這裡去世的。

再回到八國聯軍攻進北京之時。

慈禧太后臨逃前，命御前太監去禮王府，將龜紐銀質軍機印信授給領班軍機大臣禮親王世鐸，召他進宮同行，但世鐸卻推托病了，命大管事將軍機印信送給了王文韶。於是王文韶懷著軍機大印，追趕慈禧與光緒的車隊，三天後才在懷來縣追上御駕。慈禧太后感念王文韶此時年事已高，從駕之功，立刻擢升為體仁閣大學士，之後，平步青雲，由文淵閣而武英殿大學士，兼外務部會辦大臣和督辦路礦大臣，賞穿黃馬褂。

至於那位不願隨行的禮親王，不久，慈禧太后就下旨罷去他的軍機大臣官職。

此時，北京的砲火依然轟隆轟隆響。陣陣槍炮聲驚擾著滿清帝國，八國聯軍部隊逼近了紫禁城。天安門前的八國聯軍部隊，列陣歡迎八國聯軍統帥瓦德西，進入了之前各國協議「誰也不能染指」的紫禁城，而且他甚至登上了金鑾寶殿，將皇宮闢為他的臥室和辦公室。

來不及逃逸的太監，躲在暗處黯然神傷，大清國眼看是危在旦夕了。而兵荒馬亂之際，奏摺亂飛。

兩廣總督李鴻章雖然奉調直隸總督兼北洋大臣，被要求速入京師保護皇城，但他卻起了東南互保的念頭，連續上了七次電報，要求朝廷明令「剿辦拳匪」，否則，八國聯軍統帥絕對不肯議和。可是慈禧太后在端王等人的讒言下，遲遲不肯下詔，李鴻章等了許多天，好不容易才終於接到圍剿義和團的詔書。

而義和團聽到清廷反過來要撲滅他們，錯愕不已，更是感到滿腹委屈，於是再一次風起雲湧地在滿清的疆域內展開了抗清行動，但很快就被消滅了。義和團在中外勢力鎮壓下澈底被犧牲，也成為滿清末年的悲劇「英雄」！

拳亂平息後，新的危機卻如潮水般衝擊著大清。

八國聯軍依然步步進逼，希望清廷能兌現那些在拳亂中開出的支票以及付出戰敗國應付的代價，當時正在向山西太原逃去的慈禧太后下詔：

——全權大臣李鴻章，著准其便宜行事，將應辦事宜迅速辦理，朕不為遙制。

李鴻章出門了。

慈禧太后終於鬆了一口氣。

《辛丑條約》條約簽訂，八國聯軍要求清廷必須懲辦禍首，派親王大臣分赴德、日謝罪；賠款四億五千萬兩；畫出北京的各國使館區域，區域內之行政全歸各國公使管理，不許中國人民居住，各國且可派軍隊保護使館；摧毀大沽以及北京到天津之間的所有炮台，北京至山海關沿線准各國駐兵；改「總理各國事務衙門」為「外務部」，地位在清廷的六部之上。

看著條約，慈禧太后又慌了。

《辛丑條約》加深了清廷財政危機，也因各國可以自由在中國駐兵，門戶大開，滿清政府必須無條件受到洋人的控制與蹂躪，清廷頓時成為帝國主義的工具，陷入半殖民地半封建社會的深淵！

清廷受內憂外患的創痛，載湉也慌了。

載湉與慈禧太后心裡明白，《辛丑條約》的割地賠款，等於說明了清朝王權已逐漸式微，舊有的權勢在慈禧年老的歲月中逐漸崩解！

7.烈士，敲響喪鐘

中國人，不容易忘記這個人。孫文！

滿清的命運結束在他的手中，海峽兩岸的華人稱他為國父！

割地賠款的風暴似乎無法平息。

傻眼與跳腳的大臣增多了。

孫文也傻眼了。

國土與尊嚴遭受列強瓜分與摧毀，孫文對清廷政權澈底失望，於是，前往檀香山，聯合二十餘位華僑，與楊衢雲的輔仁文社合併組成了他所領導的第一個革命團體——興中會，奉楊衢雲為總會會長，孫文為秘書。

興中會總部設在香港中環士丹頓街十三號，對外以「乾亨行」的名義掩護，籌劃革命事宜。在檀香山、橫濱、長崎、台灣、河內、舊金山以及南非洲等地陸續成立分會，積極在各地華僑中發展組織。

孫文，影響了中國半個世紀，他出生時（一八六六年），南京條約簽訂了二十四年，當時的大清已逐漸淪為半殖民地。十三歲那年，他隨母親前往檀香山，投靠哥哥孫德彰。回國後，進入廣州博濟醫院附設醫學堂學醫。次年，轉學香港，於一八九二年七月，以第一名的優異成績，畢業於香港西醫書院。

憂心憂國的孫文曾上書李鴻章，提出精闢的政治與經濟主張，卻沒有獲得清廷的重視，因此一場自廣州醞釀的革命風暴也從此逐漸壯大了。

孫文經常邀集一群理念相近的志士商討起義之事，為了怕消息走漏，他們經常變換會議地點，從茶樓至餐廳、醫院，也經常在寺廟裡聚會；每當與一些行動詭異的陌生人擦身而過時，都擔心是被秘密跟蹤，於是，都會刻意繞一些遠路，確定擺脫了那些人後，才小心翼翼地走向會議地點。

「辛苦了！關於起義的事最近風聲很緊，大家要多加小心。」

孫文眉宇上浮現出淡淡愁緒。

「聽說清廷已經加強警戒了，最近調動了很多兵力到這裡來。」

「情勢緊張，大家暫時避一避，等這陣風聲過去了再聯絡。」

參加私密會議的人神情緊張，而憂心忡忡的人也越來越多。每一回的密會，都要做好事跡敗露而回不了家的心理準備。

「有風聲走漏了！如果現在硬要發動起義，一定會失敗，希望暫時把事情壓下去，以後再見機行動！」

「也好，以免草率行動而誤事！」

「但是，廣州那邊好像有事！」

「無論如何，千萬要小心行事！」

孫文同意陳少白等人的看法，把錢分發給各路首領，讓他們回去等候指示，不要介入廣州起義，同時，也警覺到形勢越來越危險，必須離開廣州，晚了，恐怕出不去。

難以掌控的形勢，果然發生了令人難以臆測的變化。

當時的兩廣總督譚鐘麟接獲香港總督密電：

——有人從香港私運武器進入廣州，請留神！

譚鐘麟認識孫文，因為學醫的孫文經常出入總督府為他的小孩看病，他雖然不相信孫文會造反，仍派人暗中監視孫文，下令軍隊加強巡防。光緒廿一年（一八九五年）九月，第一次廣州起義，採用青天白日革命軍旗。

不幸的是，消息已經走漏了，陸皓東等一群革命烈士被捕而犧牲。起義失敗，譚鐘麟四處發出布告，懸賞緝拿孫文、楊衢雲、鄭士良等人。

孫文化裝成商人，從水鬼潭埠頭登上事先準備好的小船，經香山唐家灣到澳門，然後，逃往香港。經過多次轉折後，孫文抵達了倫敦，但他的行蹤卻被清廷掌握，於是，清朝駐英使館館員誘騙孫文將其軟禁，史稱「倫敦蒙難」。

所幸，當時孫文說服了使館內的英國僕役柯爾，替他傳話給康德黎。

康德黎博士曾經擔任香港西醫書院院長（一八八九至一九九六年）是

孫文的老師，曾講授外科與解剖學。

康德黎一方面向警署報案；一面向報界公開發表這個事實，利用輿論造成清朝公使館的壓力，不得不釋放了孫文。

孫文脫因後，在倫敦住過一段日子。光緒廿三年，離開英國轉往日本。

■

光緒廿六年，義和團的亂事發生了。

此時，第一位受英國政府頒授爵士榮銜的香港華人何啟，發現在清軍、義和團以及八國聯軍的烽火動亂中，廣州民眾的寧靜生活可能不保，於是，與香港總督卜力商量後，勸推動東南互保的兩廣總督李鴻章宣佈獨立，與興中會共同聯合救國。

何啟和陳少白等人正式起草致港督函，並附上《平治章程》，作為李鴻章獨立後組織新政府的方案：

一、遷都於南京或武漢等適中之地。
二、在首都設中央政府，各省設自治政府。又中央與各省設立議會，初期議員由政府遴選，若干年後，由人民選舉。
三、公權利於天下，求列邦之合作。
四、增加文武官員官俸，使能廉潔持躬，公忠體國。
五、仿效歐美之司法制度。
六、變科舉為專門之學，學成之後，因材器使，毋雜毋濫。

這封信由孫文、楊衢雲、鄭士良、陳少白、史堅如等人署名，由港督卜力轉交給李鴻章。李鴻章看過了港督轉來的信件後，雖然意志有些許動搖，卻沒有完全同意，但他卻同意孫文前往廣州一起商量。

孫文的革命夥伴衡量當時的局勢，認為在沒有摸清楚李鴻章的心意前，不宜貿然前往廣州，而暫時由宮崎寅藏等代表前往。宮崎寅藏是日本人，早年受西方資產階級民主思想影響，前往中國考察時，結識了康有為、梁啟超，也與孫文成為知交，加入興中會後，對反清革命出力甚多。

宮崎寅藏登上一艘從廣州來迎接孫文的「安瀾號」炮艦駛向廣州。

抵達廣州後，宮崎寅藏受到李鴻章的熱情招待。幾杯熱酒下肚之後，彼此相談甚歡。

「如果李鴻章有誠意與孫文合作，應該保障孫文的生命安全。」

「那當然。」

「另外，請您借孫文六萬元，讓他償還歷年亡命海外的生活債款。」

宮崎寅藏雙手合十請求。

「為表示誠意，一切照辦。」

「先在香港付予一半？」

「沒問題。」

李鴻章希望孫文早日前往廣州，商量今後大計，故表示全部照辦。

當宮崎寅藏等人離開廣州，抵達香港時，孫文卻已經到了越南的西貢市；不過孫文留下了指示，要宮崎寅藏前往新加坡尋找被清廷緝捕中的康有為，勸康有為與興中會合作。

誰知宮崎寅藏抵達新加坡時，康有為不但不見他，還說他是李鴻章派來的刺客，立即呈報官廳，將他逮捕下獄。

宮崎寅藏因此無緣無故被關了三天。

當孫文從西貢抵達新加坡，拜訪總督，辯陳宮崎寅藏所帶的三萬元港幣是他委託的，宮崎寅藏並不是李鴻章派來的刺客，宮崎寅藏才被釋放了出來。

宮崎寅藏出獄後，與孫文返回香港。

不料剛到達香港海面，便接到香港警署的通知，香港政府不讓他們登岸，理由是孫文在廣州起義後，滿清政府向香港政府請求，對孫文下達五年的放逐令，放逐令未滿前，不准登岸！

孫文與宮崎寅藏等人被迫返回日本，派平山周前往台灣張羅各項起義事件，自己隨後再前往台北；並要鄭士良以廈門作目標，當惠州起義時，即沿著海岸向東推進……

光緒廿六年，八國聯軍侵華越演越烈，慈禧太后挾持載湉逃往西安，北京幾乎呈現無政府狀態。孫文認為機會已經來了，機不可失！命鄭士良在廣東惠州起義。

剛開始時，攻勢順利，連破數個清軍陣營，一度聲威遠。後來，因糧食和彈藥的補給不足，不得不解散部眾，走避香港，第二次革命活動又失敗了。

惠州起義失敗，清廷派出部隊鎮守廣東。

此時的孫文，懸念著在清廷疆域中活動的革命夥伴。

遺憾的是，他在北京之外

孫文的十一次革命

日期	名稱
光緒廿一年（一八九五年）	第一次廣州起義
光緒廿六年	惠州起義
光緒三十三年	黃岡之役
光緒三十三年	七女湖之役
光緒三十三年	欽廉之役
光緒三十三年	鎮南關之役
光緒三十四年	欽廉上思之役
光緒三十四年	河口之役
宣統二年（一九一〇年）	廣州新軍之役
宣統三年	黃花崗之役
宣統三年（一九一一年十月十日）	辛亥革命成功，推翻滿清政權！

8. 誰戳破敦煌秘密

北京的天空，腥風血雨，義和團在京城裡燒殺擄掠。遠在北京之外的敦煌，王圓籙僱人清理洞窟中堆積多年的淤沙，清出了……

敦煌，在北京之外。

佛寺的鐘聲敲響時，許多人在祥和的鐘聲裡，感受到一絲絲的幽怨。幽怨不是來自烽火連天的北京，而是西北大漠戈壁。

位於大漠戈壁的敦煌，由於宋代以後海運的開通，古絲綢之路漸趨冷落，莫高窟也只能默默無聞地沉睡於三危山麓，沒有太多人關懷的眸光，連願意提起它名字的人也逐漸少了。

莫高窟，俗稱千佛洞，莫高窟早在隋代洞窟中已經出現，最早甚至可追溯到十六國的前秦時期。

莫高窟坐落在敦煌城東南二十五公里處的大泉河谷，南北長約一六八〇公尺，創建於前秦元二年（三六六年），歷經十六國、魏晉南北朝、隋、唐、五代、宋、西夏，至元朝才終止了積極的營造工程，洞窟猶如蜂巢嵌在斷岸上，十分壯觀！

唐武則天時代，當時敦煌建造的洞窟已經達到一千餘龕，因此，當時有千佛洞之稱。敦煌藝術博大精深，氣魄宏偉，莫高窟是集建築、雕塑、壁畫三位一體的立體藝術寶窟，內容極為豐富。

在久遠的年代裡，莫高窟一直是古絲綢路上一顆璀璨的藝術明珠，在神秘的三危山下的峭壁上，在茫茫戈壁沙漠的懷抱中，閃爍著絢麗的光彩！

遙想當年，十一世紀初，黨項族建立的西夏王國逐漸強大，不斷騷擾河西走廊，進襲敦煌；莫高窟的僧眾為了避難，紛紛遠走他鄉，而行前因各種經卷、藏書、繪畫、工藝美術品等數量繁多，攜帶保存均不容易，在不便帶走的情形下，只好將它們封在洞窟的密室裡，外面再砌上牆，繪上壁畫作為掩飾。

當時可能以為這樣就神不知鬼不覺，文物將可以得到妥善的保存，可是，戰亂平息後，僧人們卻再也沒有回來，而這個秘密也似乎將永遠不會被人發現。

藏經洞保存了四世紀至十一世紀初，近五萬份的古文經書，大部分的漢文寫本都是佛經，此外，還有道教、摩尼教、景教的經典，繪畫則有一千件。除了為宗教、歷史、經濟、民族及語言等範疇提供豐富的原始資料，經文的書法和絹畫的藝術價值亦令世人驚嘆。

而此時北京的天空，一片腥風血雨，義和團在京城裡燒殺擄掠，連日的施暴，部隊上下陷入一片瘋狂，當日本駐華使館書記官杉山彬乘車路過永定門，遭遇部隊攔截，被一湧而上的兵士開腸剖腹，屍體也被支解，拋散於路旁。之後，德國公使克林德在與諸國公使開完會，冒險前往總理衙門交涉途中也被槍殺了。

各國公使召兵進入北京護衛，甚至揚言要慈禧太后將政權交出……慈禧太后得知消息後，震怒不已，因此根本已挪不出時間理會遠在千里之外的敦煌。

■

古稱沙州的敦煌，位於河西走廊，曾經是一個綠洲城。如今的敦煌是一個綠樹成蔭，樸實無華的都市。在當地博物館中，陳設了一些當地出產的文物、壁畫與石碑，而郊外的白塔寺，相傳是印度高僧鳩摩羅什的座騎所葬地。

多年以前，天山南北的三條古絲路在此匯集，敦煌成為前往西域最後的補給站，也是從西域越過戈壁沙漠歸來的休息站，自古以來一直位於戰略要地，先後多次為西北各族占領。因此，每經歷過一次戰亂，敦煌就遭受一次無情的劫難，雖然如此，昔日的敦煌繁華不難想像。

然而，當年僧侶們遠走他鄉後，卻一直沒有回來，這些經卷文書也就在洞中隱藏了將近一千年。

如今的敦煌，經常颳起陣陣強風，一望無際的漠野，顯得淒涼而孤寂。

一位身材瘦小的道士王圓籙，穿梭於敦煌，他透過化緣與募款方式，帶領民工打掃洞窟的積沙。王圓籙清除洞窟淤沙，不是為了要發現什麼，而是基於疼惜與真愛這片土地，為了保護洞窟，無意中，卻發現封閉多年的藏經洞。一切似乎只是場偶然。

王圓籙，湖北麻城縣人，一度因為家鄉連年飢荒而迫於生活，出外求生，流落於酒泉入道修行，之後，雲遊敦煌，走向三危山，發現了莫高窟這塊聖地，感慨萬千之餘，默默一人在此奉獻了他的後半生。

生活於荒漠中，已近不惑之年的王圓籙，看到神聖的莫高窟一片凌亂，且竟然無人看管，心情十分沮喪，人為與大自然的破壞，一度讓他輾轉反側難以入眠。於是，他四處奔波勸募，把得來不易的經費全部投入清理洞窟中的黃沙，其中，堆積於第十六窟裡的淤沙，花了二年的時間才清理完畢，他一點也沒有後悔，從來也沒有埋怨過，也沒有因為此地的荒涼而感到孤寂，依然經常僱人清理洞窟中堆積多年的淤沙，一個普通的清晨。王圓籙正忙於於工作，通道的北面牆壁突然傳來一聲巨響，裂開了一道縫隙，王圓籙以手敲擊壁面，眼睛為之一亮，因為他發現這道牆竟然是中空的！於是，他交代工人小心開挖，不久，就出現了一扇小門，裡面是一間小房間，約三公尺寬高，室內堆滿了數以萬計的經卷、古文書、繡像、工藝美術品……等珍貴古代文物。

王圓籙睜大了圓滾滾的眼珠直視著，一時之間也說不出話來，他作夢也想不到，竟然會清出埋藏於淤沙堆裡的藏經洞！

為了募取更多的經費，王圓籙希望縣令能夠協助他；於是，他興奮地徒步行走五十里，趕往縣城找敦煌縣令，並奉送了取自於藏經洞的兩卷經文。

敦煌縣令看後知道這是古物，於是，問王圓籙怎樣得來，王圓籙詐稱在莫高窟內，於一次偶然機會中撿到的，敦煌縣令貪婪之餘，要求更多，隨後便將所得之文物一部份轉送他人。

於是，經卷的流散開始了。

光緒廿八年，經卷幾經輾轉相送，有幾卷為當時甘肅省學政葉昌熾所得，一生好收藏金石的他一看見這些經卷，就知道這是重要的唐宋遺物，於是，建議省府藩台衙門派人到敦煌搜尋，並將所得運至蘭州保管，但衙門卻無動於衷。

王圓籙自從發現了藏經洞的消息後，擔心經卷被人奪取，於是，悄悄將一部分密藏於其他洞窟，一部份開始出售。

而聽到消息的人越來越多，陸續有人以銀元換取文物。卑微、無知的王圓籙本是存著一顆仁善之心，想藉此募款以能更妥善的保存敦煌石窟，卻不知自己此舉卻因此讓許多古物便就此亡失於海外。

在那段歲月裡，有一位英籍匈牙利人斯坦因，組了探險隊員來到敦煌，以哄騙利誘的技倆，讓王圓籙打開了寶窟，在捐出一筆功德錢為籌碼後，王圓籙就讓他住了下來，一連七天七夜，利用機會打包，將七千多份古寫本、刻本，以及佛教古物等裝滿二十九箱運回英國倫敦。

斯坦因當時是世人注目的探險家和考古學家，在多次探險活動中，經歷千辛萬苦，穿越帕米爾高原，攀登喀喇崑崙那冰雪覆蓋的山谷，跋涉在風沙迷漫的塔克拉瑪干大沙漠腹地。由於他在探險中有著驚人的發現，獲取大量的珍貴資料，深受英國政府的讚賞，被英女王授予爵士勛號，牛津和康橋大學贈以名譽博士學位。

斯坦因第一次來敦煌是一九〇七年。

當時，他不僅在莫高窟看到了精美的壁畫和彩塑，於是用各種手段騙

王圓籙道士的墓誌銘上有如此的記載：沙出壁裂一孔，彷彿有光，破壁，則有小洞，豁然開朗，內藏唐經萬卷，古物多名，見者多為奇觀，聞者傳為神物。

取道士王圓籙的信任，以極少的白銀從他手中換走大量的寫經、文書和藝術品。當他離開莫高窟時，帶走經卷文書與精美的絹畫和刺繡藝術品等文物，之後，將之運到英國大英博物館。

大量的敦煌經卷被運到英國後，引起了全世界的關注，並掀起了敦煌學熱潮，從此，敦煌這個偏僻小鎮名震中外！

幾年之後，斯坦因他又故技重施，再運去五大箱，前後取去了大約一萬二千件文物。

一九〇八年，又來了一位通曉漢文的法國人伯希和，向王圓籙出價以每捆十五兩，共五百兩官銀的價格，精挑細選了六千多件文物帶走，並且偷拍莫高窟全部的壁畫。

一九一二年，日本人橘瑞超和吉川小一郎，假藉探險之名，也風塵僕僕來到敦煌莫高窟，取走了五百多件珍貴的文物。

在洋人的折騰中，王圓籙累了。

敦煌也累了。

9. 江山與人都累了

躺在床上已經奄奄一息的李鴻章，已經無法說話了，身旁站著俄國公使，正逼迫著他在俄國蠶食鯨吞大清東北的條約上簽字。

逃亡、割地、賠款的折騰，清廷累了。

眼睜睜看著西方勢力在滿清的疆域為所欲為，慈禧太后也累了。

而西方勢力在中國取得突破性的發展，是從中英鴉片戰爭開始的。

清初，英國東印度公司開始與中國通商，這家把勢力深入中國的東印度公司，始建於一六〇〇年。最初，英國人利用東印度公司作生意，之後，成為英國殖民者侵略印度的工具。

十八世紀後，東印度公司開始走下坡，公司曾經無力交納英國政府規定的四十萬英鎊，開始向政府貸款，財政一度出現危機。一八一三年，東印度公司對印度的貿易壟斷權被取消了。一八五八年，東印度公司被英國正式取消，由英國政府直接統治印度。

英國在印度建立東印度公司後，為了銷售產品，積極開始發展中國廣大的市場，但當時清廷只開放廣州為對外貿易市場。由於清廷的閉關政策，東印度公司輸華的商品無法暢銷；而英國對中國茶葉、絲綢的需求量，卻與日俱增，只能用現銀來支付物價，對英國造成龐大的貿易逆差。為此，英國政府曾派特使馬戛爾尼向清朝乾隆皇帝要求實行兩國平等互惠，乾隆皇帝認為中國地廣人多，物資豐富，足以自給自足而斷然拒絕！

於是，為了改善其貿易逆差，東印度公司開始大量向中國輸入鴉片。而自鴉片開始輸入後，反造成清廷對外的貿易逆差，清廷大臣因此力主禁絕鴉片，其中，以兩廣總督林則徐的態度最為堅決。道光皇帝派他為欽差大臣，前往廣州禁煙，卻因此惹來了一場風暴。

林則徐出生於福建侯官。嘉慶十六年，第三次參加會試，榜列第七十四名，複試一等，殿試二甲第四名，朝考第五名，賜進士出身，選為翰林院庶吉士。曾與龔自珍、魏源、黃爵滋等提倡經世致用之學。嘉慶廿五年起，先後出任浙江杭嘉湖道、鹽運使，江蘇按察使、江寧布政使。整頓鹽務、興辦河工、籌劃海運，採用勸平糶、禁囤積、放賑濟貧等措施救災撫民。

之後，升任河東河道總督，親自實地查驗山東運河、河南黃河沿岸工程，提出改黃河由山東利津入海以根治水患的治河方案。道光十二年，授江蘇巡撫，他反對一概禁用洋錢，提出自鑄銀幣的主張。

道光十七年，升任湖廣總督，主張以死罪嚴懲吸食者。

道光十九年二月十六日，林則徐在道光皇帝的授意下，匆忙抵達廣州。還來不及休息，就立即會同廣東水師提督關天培要求外商繳出鴉片，並在路易莎號簽發收據。美國及荷蘭煙商承諾不再販鴉片，英國商務監督義律卻偷偷於運送途中運走鴉片，又以各種理由拖延繳煙時間，雙方時有摩擦事件發生。

煙販繳煙完畢，共收一萬九千一百八十七箱又二千一百十九袋。林則徐原想將鴉片運回京師銷毀，御史鄧瀛則認為，為防鴉片被偷偷換掉，就地銷毀更好。於是在取得朝廷同意後，林則徐決定於虎門公開銷煙。

「怎麼處理？」

廣東水師提督關天培面對堆積如山的鴉片有點急了。

「傳統銷毀鴉片的『煙土拌桐油焚毀法』，但膏餘卻會滲入地層，吸毒者掘地取土，仍得十之二三……」

林則徐背著手，踱著緩慢的步履深思著。

「總督所言甚是，是否考慮採用海水浸化法？」

「海水浸化法？」

「海水浸化法就是在海邊挖兩座大池，池底鋪石塊，為防止鴉片滲漏，四周釘板，再挖一條深水溝，之後，將鹽水倒入水溝，流入池中，接著把煙土割成四瓣，倒入鹽水泡浸半日後，再投入石灰，石灰遇水就會發熱，煙土就會被溶解，退潮時，把池水引入海洋，並用清水洗刷池底。」

「妙！傳令下去，鴉片通通運到虎門，集中銷毀。」

林則徐一聲令下，外商繳出的鴉片立即被編上號碼，一批一批運往虎門焚燒的地點。外商心頭滴血，卻又莫可奈何。

鴉片焚毀之後，林則徐要求外商保證以後不再販運鴉片來華。英國商務監督義律認為有損利益，命令英商不得答應。於是，林則徐中止與英國人之貿易，也中斷了英國人的利益，惹惱了英國人，英國派出十六艘軍艦攻打大清。

英軍艦隊往廣州時，受到清軍抵抗，英國艦隊只能轉向繼續北上，直逼北京附近的大沽炮口，準備經大沽前往天津再攻打北京。

清廷驚訝之餘，把禁煙的林則徐撤職，遣戍新疆伊犁。

道光廿二年（一八四二年），清廷在《南京條約》的陰影下讓步，這場鴉片戰爭才畫下句點。而清廷在此役後地位驟降，喪失了許多國家主權，如關稅自主、領事裁判權、內河航行權等，甚至被迫給予外國最惠國待遇，淪為半獨立國，破壞了主權國的地位，從此註定清廷走向滅亡之路。

■

咸豐六年至十年（一八五六至一八六〇年），因第一次鴉片戰爭而造成的排外運動，最終因亞羅號事件而成為引來英法聯軍的導火線，浩浩蕩蕩進入了北京，奕詝慌張出走於熱河。

圓明園被摧毀了！

此後，大清寬大的屬地逐漸流失，法國吞併了安南，日本覬覦朝鮮；沿海的海口亦為列強所據，德國占領膠州，俄國占領旅順大連，英國占領威海衛、九龍，法國占領廣州灣。

在這些時候，清廷都只能仰賴李鴻章出面談判，希望能挽回已經逐漸流失的尊嚴。

李鴻章，安徽省合肥人，出生於道光三年。道光廿七年，中進士列二甲第三十四名，派任翰林院庶吉士，不久，改派編修。太平天國動亂中，曾經因為平定蘇州有功，被嘉賞太子少保銜，賞穿黃馬褂。

當時，發生於咸豐年間的太平天國動亂，經歷十餘年之久，範圍廣及大半個清國。當時，李鴻章的淮軍正式建置不久，三千位淮軍與十萬太平軍在虹橋交戰，李鴻章親臨陣地，淮軍鷙悍殺得太平軍節節敗退。戰爭中，有兩萬名太平軍投降，李鴻章下令全部斬殺，顯露出他冷酷無情的一面。之後，他受曾國藩推薦被任命為江蘇巡撫。

兩年後，太平軍都城南京被攻克，李鴻章被封為一等肅毅伯，賞雙眼花翎。從此之後，李鴻章之名與淮軍一同聲名大噪，仕途一帆風順，每當清廷製造了麻煩，想起來善後的人選就是李鴻章。

而洋人第一次了解到李鴻章的外交能力，是在光緒二年（一八七六年）*中英《煙台條約》談判後，他們從此對他充滿肯定與尊敬。

中英《煙台條約》簽訂於光緒二年（一八七六年）。起因於光緒元年（一八七五年二月），英國人馬嘉理在雲南被當地人殺害，演變成外交事件。清廷令海關總稅務司赫德斡旋，於後，北洋大臣李鴻章與英國公使威妥瑪在煙台談判，雙方簽約，英國取得進入雲南及西藏之特權外，清廷應查明滇案，懲處失職人員，並向英國道歉、賠償；並規定英國駐京公臣及領事官與清廷往來禮儀平等及兩國審辦案件各官交涉事宜；清廷增加通商口岸，訂立通商章程及鴉片稅則。

當時，英國軍艦浩浩蕩蕩開進煙臺，日本軍隊向朝鮮武裝挑釁，對清廷構成了戰爭威脅。

醇親王奕譞慷慨陳詞。

「與英國人開戰！」

「萬萬不可。」

李鴻章不同意醇親王奕譞看法。

「為何不可？」

「大清帝國不能繼續在外交上走一貫的老路。」

「老路？什麼老路？」

「事端一出，動輒開戰，戰則必敗，敗則議和，和則割地賠款。」

李鴻章侃侃而談，情緒有些激動；醇親王奕譞沉默的點了點頭。

老謀深算的李鴻章談判的經驗豐富，在《煙台條約》簽訂後，覬覦更多在華利益的英國人曾說：

——這個文件既不明智也不實用，毫無意義，是一堆冗言贅語而已。

面對洋人的強大威脅，李鴻章竟然還能談出讓洋人如此不滿的條約，無疑是外交史上的突破。但從煙臺回到直隸總督府的李鴻章，還是因為賠款和開放口岸而背上賣國的罪名。

李鴻章沉默了。

沉默，似乎無法挽回曾經鑄下的錯。

光緒廿年的中日甲午戰爭，是李鴻章從政以來最大的挫折。

當時的李鴻章知道清廷的海軍軍費短絀，武器設備不完善，反對應戰；但朝廷多數大臣卻認為日本國小而不足畏懼，應該全面迎戰。當日本聯合艦隊在風雪交加中開進威海衛時，李鴻章只有在「聖旨」的授權下，百般無奈前往日本議和。

抵達日本馬關不久，李鴻章卻被一名刺客擊中。

從手槍飛出的子彈，卡在他左眼下的骨頭縫。李鴻章給朝廷的電報，只有六個字：

——傷處疼，彈難出！

情況雖然危急，但當時的日本沒有一位醫生敢在這個位置上動刀取出子彈；而面對日本強烈要求割讓遼東、台灣、澎湖，賠款軍費三億兩白銀的威脅，李鴻章不知所措，槍傷似乎也更疼了。他多次向清廷請示如何善後，清廷給李鴻章的電報中，盡是模稜兩可的「著鴻章酌量辦理」！

面對這場談判，李鴻章有點力不從心；面對日本首相伊藤博文，李鴻章有點煩、有點亂、也有點痛。被刺殺而傷痛的苦悶折磨著李鴻章，一如他對清廷必須面對的無奈，他覺得全身都有一股無力感。因為採取強硬態度和立場，很可能導致中日戰爭繼續擴大，受害的是生活在中國土地上的千千萬萬子民。

伊藤博文不是省油的燈，李鴻章要如何度過難關？

如果答應日本首相伊藤博文無理的條件，清廷主權和財產的損失也是難以估計的；在兩害取其輕的情況下，李鴻章有了他自己的選擇，拖著沉重的腳步回到了中國。

光緒廿一年，帶著《馬關條約》草約和臉上的繃帶回國的李鴻章，成為清廷與全國人的公敵，認為他出賣了清廷。朝廷斥責他辦事不力，文武官員說他喪權辱國，民間暗示他拿了日本人的銀子。於是，李鴻章被免去了所有顯赫的職務，只能賦閑在京城賢良寺，看書寫字，偶而外出兜兜風。

■

然而，勞碌的人是閒不住的。

次年，俄國沙皇加冕大典即將熱鬧舉行，世界各國都派員前往祝賀，由於必須處理兩國間的條約問題，俄國特別關心清廷代表層級別問題，朝廷有意派其他大臣前往，俄國拒絕，只同意派李鴻章去參加。

李鴻章以在日本馬關被刺傷，必須修養為由推辭。

慈禧太后不准！

李鴻章只有在「非敢愛身，惟虞辱命」的表白下，懷著一顆千百個不願意的心，前往遠在千里之外的俄國。在插滿了大清黃龍旗的彼得堡，李鴻章開始與俄國人商談《中俄密約》。

這份密約的要點是中俄兩國針對日本的軍事威脅，結合為互相援助的軍事聯盟，清廷准許俄國在中國東北地區鋪設鐵路，與俄國橫穿西伯利亞的遠東鐵路接軌。回國後的李鴻章，以為《中俄密約》可以保大清國二十年間沒有戰火。

然而，四年後，最先攻破清廷京城第一道城門的，正是俄國人！

李鴻章沉默了，對政治的絕望，讓他不太願意說話。雖然如此，他依然是中國近代史上無法被遺忘的傑出漢人。回到了家，他覺得自己真的有點累了。奔波勞碌了一輩子的李鴻章，躺在病榻上，呈獻給朝廷的奏摺上提到：

——臣等伏查近數十年內，每有一次構釁，必多一次喫虧。上年事變之來尤為倉促，創深痛巨，薄海驚心。今議和已成，大局稍定，仍希朝廷堅持定見，外修和好，內圖富強，或可漸有轉機！

當時，因為逃亡而遠在西安的慈禧太后看到了李鴻章的奏摺，心中似乎有些許不忍，肯定李鴻章「為國宣勞，憂勤致疾」，希望他早日痊愈，榮膺懋賞。然而，年事已高，經不起東奔西跑，舟車勞頓的李鴻章，一直沒有等到慈禧太后封賞的榮耀。

當一天和尚敲一天鐘，鐘不響了，和尚也死了。李鴻章病了，躺在床上已經奄奄一息，無法說話，身旁卻站著逼迫他在俄國占領中國東北的條約上簽字的俄國公使。一生為了清廷與洋人爭辯了一輩子的李鴻章，此時已不能簽字也不能說話，他只能流眼淚。吐出胸中的一口痰，眼角溢出了淚水，眼淚流盡了，眼睛閉上了。

站在床頭逼迫李鴻章簽字的俄國公使，看了一眼，嘆口氣，低頭走了。

另一頭，慈禧太后正在回鑾的路上，行經黃河岸邊的輝縣時，收到了令朝野上下無不悲哀的消息：

——直隸總督兼北洋大臣李鴻章死了。

慈禧太后沉默無語，眼神僅露出一點點哀傷，立即派恭親王溥偉前往祭奠，賞給他一條陀羅尼經被。

陀羅尼經被又稱往生被，是收集許多由梵文書寫的諸佛密咒而成，在佛教徒心中，具有不可思議之大威德加持力。據傳，如有任何眾生臨於命終，將此被覆蓋遺體之上，能令亡者消業滅罪，阻卻過去世一切冤家或任何魔障之損惱，令亡者身心安樂，得以順利往生極樂蓮邦，從此永遠脫離六道輪迴苦趣，被修行人視為解脫生死之至寶。

清朝，陀羅尼經被只有皇族才能使用，賞給陀羅尼經被是至高無上的榮譽。

除了賞給陀羅尼經被外，並下詔晉升一等侯爵，入祀賢良寺……

回鑾的隊伍依然浩浩蕩蕩前進，慈禧太后眉宇深鎖，她似乎知道對於清廷來說，李鴻章的死，這是不詳的預兆！

遠方，一隻離群的大雁飛過山林，悲戚的啁啾幾聲。

滿清的天空愁緒似乎更濃了！

第二篇

尊嚴流失的王朝

1. 披著道袍的強盜

少數傳教士的惡行惡狀，卻如一顆顆爆炸力強悍的炸彈，淺埋於清國各地，隨時都將引爆！

帝國之夢醒了。

一群一群的洋人在京城晃蕩著，清廷的法律管不著。這是一個什麼樣的年代？為何清朝末年的疆域如此不安？尤其是面對那群洋人傳教士，前後不到二百年，待遇差別卻有天壤之別？

清朝初年，當時來華的外國傳教士進入中國，必須經得地方官，甚至當朝皇帝的批准，才能在指定地點傳教，一切傳教活動都必須遵守中國的律令。

一切主導權操縱在清廷手中。

當時來華的傳教士利瑪竇、南懷仁等為傳播福音、吸收教徒，穿儒服、講漢話、學習中華的禮樂習俗、尊重崇孔祭祖的傳統，受到了當朝政府的禮遇和厚待。因而對於基督教，中國政府是採取包涵優容的態度。

但是，當羅馬教廷和來華的部分傳教士為了基督信仰的唯一性，執意做出禁止祭祀祭祖，禁止祭孔敬孔等諸多禁令時，立即遭到康熙皇帝的不滿與反對，甚至不惜為維護傳統習俗和對國內居民的完整治理權，不惜與羅馬教廷攤牌。於是，中國進入了長達一個多世紀的禁教時期。

■

一個世紀過去了，當傳教士再度踏上中國領土時，在洋人眼中的大清帝國已經沒落了；傳教士也不再如利瑪竇、南懷仁們必須透過許多管道才能拿到來華傳教的「准許證」，而是在船堅利炮的庇護下，如潮水般湧入中國。

在五口通商口岸時期，這些傳教士還被侷限在城內傳教；《天津條約》簽訂後，完全解除了禁教政令，傳教士的活動範圍隨之遍及全國，黃河邊或長江岸，長城邊或京城巷弄，都可以看到傳教士的背影。

關於《天津條約》，對清廷而言，的確有難以啟齒的痛。

第二次鴉片戰爭，英法聯軍攻陷大沽口炮臺後，逼近天津。清廷欽差大臣桂良、花沙納與英國全權代表額爾金在天津簽訂《中英天津條約》，條約有五十六款，另附《通商章程善後條約》。主要內容為：

一、英國公使駐北京，並在通商各口設領事。

二、增開牛莊（後改營口）、登州（後改煙臺）、台灣（台南）、潮州（後改汕頭）、瓊州、漢口、九江、南京、鎮江等通商口岸。

三、耶穌教、天主教教士得自由傳教。

四、英國人持照可在內地遊歷、通商，可在各通商口岸租地蓋房，設立教堂、醫院、倉庫等。

五、英國商船可以在長江各口往來。

六、中英兩國派員在上海舉行會議，修改關稅稅則。

七、中國給英國賠款銀四百萬兩。

八、確定領事裁判權和片面最惠國待遇。

條約簽訂後，傳教士在大清任何地方都可以看到。即使是偏僻的鄉村，也有傳教士出沒。當時，清廷與列強簽訂的不平等條約中，被喻為「穿道袍的帝國主義強盜」的傳教士享有許多的特權，如領事裁判權，傳教士的行為不受清廷法律制裁，還可以獲得領事的保護。

另外，傳教士還享有在各地租買田地與建造的置產權；甚至有些教堂本身就擁有武裝配置，如設在江蘇北部徐州府的耶穌會據點，就是一座真正具有戰鬥力的教堂，建築物四周建有堅固的設有城堡的城牆，角落有望塔守衛，塔內架設著槍枝，貯存著彈藥；而位於北京的美以美會總堂的牆上還開了幾個槍眼，堡壘周圍掘起壕溝，設立了有雙重倒棘的鐵絲網加強防禦。

更惡劣的還有山東傳教士偽稱巡撫、山東鄒縣西南教士向商賈收稅，有的傳教士甚至擅用關防印信，發照會擅由堤塘官驛遞送，保舉官員，請撤地方官，似乎已肆無忌憚的干涉清廷的內政。

令人耿耿於懷的是，光緒十年（一八八四年），當法國入侵越南時，在華傳教士竟教唆華籍教民叛國；光緒廿六年的八國聯軍時期，囂張的傳教士甚至賄賂縣官，縱容地痞流氓，勒令當地農民、船戶數百人限期遷徙，藉口擴充教堂，培植果園，霸占江東岸一帶的淤洲。

提到八國聯軍，就不得不提到義和團。義和拳亂的起因，可以回推到同治八年（一八六七年），在傳教士指使下，冠縣梨園屯教民們不問青紅皂白拆毀了玉皇廟，準備興建教堂，這種近似於乞丐趕廟公的行為，引起山東冠縣十八村村民的不滿，於是，一場民教之爭展開了。

火爆場面一觸擊發。

雖然法國公使、山東主教出面干涉，都未能達成在玉皇廟基地上興建教堂的企圖，於是，向清廷施壓。

「不答應又怎樣？」

山東巡撫張曜擱下了手中的茶杯。

「教堂是我們洋人的信仰基地，我們不能沒有教堂。」

「玉皇廟是我們的信仰基地，拆了，百姓到哪裡拜神祈福？」

「我們不管那些事，只想知道你們答不答應？」

「我說過，不答應！」

「你們干涉了傳教士的特權，我們走著瞧！」

不歡而散之後，巡撫毓賢立即進京面見慈禧太后，慈禧太后一臉錯愕，許久許久才回過神來。

「幾百兩的銀子都賠了，拆一座廟算什麼？」

「拆了廟，百姓會反抗！」

「量他們也不敢！洋人的事先擺平再說，不要再給我添亂子！」

慈禧太后畏懼列強武力威脅，低頭了。

光緒十七年（一八九一年），低頭的清廷，頒布了嚴禁焚毀教堂、保護教民的上諭，沒想到卻助長了教會侵略勢力的氣焰。

諭旨發布後，法國公使勒令東昌知府洪用舟將玉皇廟判給教民，改建天主堂。教民在教士的慫恿下，到處尋釁滋事，教士、教民惡意的挑釁行為，卻激起了民眾怒火，於是，光緒廿四年，當地發生了多起拆毀教堂，傷斃教士的流血事件。

除了民教衝突外，傳教士還利用特權，不擇手段吸收教民，把自己享有的特權延伸到中國教民身上，要求生活在這片土地上的人民皈依教派才給與救濟。一些窮人入教只是為了教堂供給的饃饃，或教堂給予的兩吊錢。

在飢荒時，天主教傳教團趁機以極低的價格購買土地，隨後租給皈依的佃戶，以吸收教徒增加收入。傳教士還代表訴訟當事人參與法律過程，揚言犯法者，入教可以免除刑罰，入教可以免除差徭。

極端的傳教士甚至揚言：中國人不服從，就毀滅！

生活在這片土地上的人對這些事越來越感到不安，開始排斥與反彈。

當時，在大清傳教的洋人，也有許多戰戰兢兢的傳教，不問政事；然而，少數傳教士的惡行惡狀，卻如一顆顆爆炸力強悍的炸彈，淺埋於中國各地，隨時都將引爆！

因為外國傳教士種種特權違犯大清律令的行為，已引起廣大民眾不滿，為維護自己的身家性命和現實權益而相繼反教；於是，一件接一件的教案頻頻傳出，傳教士已逐漸警覺危機的浮現。最後，引爆了光緒廿六年的義和團事件！

消息傳入了朝廷，慈禧太后憤怒不已，立即召見了文武官員詢問詳細情形。山東巡撫毓賢說：

「由於近日來，教堂收納教民，不分良莠。少數奸民混入，倚教堂為護身符，魚肉良民……造言陷害，或謂某人將糾眾滋擾教堂，或謂某人是大刀會的匪徒。教士不察虛實，迫令地方官衙緝拿……百姓不服。」

慈禧太后聽了，一股怒火自心頭燃起。毓賢嚥了嚥口水，繼續說：

「但是，袁世凱認為，山東省民教之爭，是地方州縣官員平時受到傳教洋人挾制……抑制良民……教民轉得借官吏之勢力，肆其欺凌，良民上訴難以獲得平反。」

慈禧太后臉上的忿怒深沉了。怒火自眼角竄出，她對著山東巡撫毓賢吼了幾聲後，以尖銳的語調咆哮著：

「撒野了？拿翹了？給我好好看管著，不能讓這群洋人欺到我頭上來！」

巡撫毓賢立即調動部隊，針對傳教士進行搜捕，而這股被點燃的怒火立即以燎原之勢迅速蔓延，傳教士人人自危，而生活在這片土地上的民眾卻如出柵的惡虎般，虎視眈眈準備朝他們身上撲過去。其中，最為猛烈的是義和團的拳民。

由於義和團事件對西方各國在華利益造成威脅，於是，在八國聯軍對華進行武力攻擊的掩護下，不甘受辱的傳教士也展開報復活動！

他們即將面對的，是唸幾句符咒，喝幾口符水，神靈附體後，可以刀槍不入的義和團！

2. 以符咒對抗西洋槍砲

義和團與八國聯軍對戰時，嘴裡念念有詞，深信唸了符咒，可毫髮無傷！

他們深信自己有了神力附身，什麼都不怕！

如果有人告訴你，唸幾句符咒，喝幾口符水，可以刀槍不入。你也許會相當理智說：不可能！但清廷一些官員卻深信不疑，於是，闖出了大禍。

事實上，闖禍的人還相當多。

時間推回到道光廿二年（一八四二年），一切似乎要從英國人向中國傾銷鴉片開始的。中英兩國的戰爭引爆了，清廷戰敗，簽訂《南京條約》後，禍事就如影隨形般纏繞著清廷。

當時的簽約地點為英國軍艦皋華麗號（或譯為康沃利斯號）上。清廷大臣耆英、伊里布代表清政府簽訂了中國近代史上第一個不平等條約《江寧條約》。因江寧就是現在的南京，所以，江寧條約也被稱為《南京條約》。條約共有十三款，主要有以下幾點：

中國割讓香港給英國；中國開放廣州、廈門、福州、寧波、上海五處為通商口岸；中國賠償鴉片煙費六百萬銀元，軍費一千二百萬銀元，商欠三百萬銀元，共二千一百萬銀元。

條約簽定後，許多人哭了。

喪權辱國、割地賠款的痛，清廷寢食難安。

而隨後的第二次鴉片戰爭，咸豐帝眼睜睜看著英法聯軍之役的部隊直接進出北京，不得不出奔熱河。英法聯軍燒毀了中國的藝術之宮圓明園，盜走了園中的稀世珍寶；在英法聯軍的逼迫下，清廷讓步了，准許外國人在中國傳教。於是，各國的傳教士陸續進駐中國傳授福音，也擾亂了中國封建的生活。

中國人對洋人既怕又恨又莫可奈何！

但是，深信唸幾句符咒，喝幾口符水，可以刀槍不入的義和團卻展開了反撲行動。他們見到傳教士便砍殺，遇上了洋人也不再留下活口，甚至喊出「殺一名洋人，賞銀一兩」的口號。

「往哪裡逃？看刀！」

「這個留給我，你去追那個正在逃的！」

「再殺二個，就湊十個了。」

義和團殺紅了眼，在街巷中瘋狂叫囂著。

洋人驚叫不已，倉皇失措。

義和團的慘暴愚行，引來英、美、德、法、日、俄、意、奧八國聯軍的震怒，決定與縱容義和團滋事的清廷攤牌。於是，聯軍行動快速攻陷大沽口，占領天津，不久就攻入了北京。

聯軍初入北京時，僅一萬六千人，以後陸續增兵到十萬五千人。他們認為戰爭是由中國無故挑釁而起，也有報復之心，因而對百姓奸淫擄掠，枉殺無辜，無所不至。

中國百姓驚叫不已，倉皇失措。

清廷大臣李鴻章曾向使節團抗議說：中國居民深受所苦！

抗議無效，戰火早已點燃。

■

這把火自山東點燃！

自古以來，山東一帶民風十分強悍，自同治年間就時有教案，當地居民目睹洋人囂張的行徑後，自有諸多不滿，最後終於爆發而成「殺洋滅教」的口號。從同治八年的山東冠縣的毀廟建教堂開始，多年的隱忍，到光緒廿四年最終點燃了義和團運動的引信。

他們深信洋人槍砲雖然可怕，但是，自己有了神力附身，什麼都不怕！

於是，一場必須以百姓生命為賭注的風暴，悄悄在中國襲捲開來。

禍事挑起時，有人將帶有宗教色彩的義和團事件與太平天國相比，事實上，兩者之間有所不同。因為太平天國針對的是滿清政府，類似於歷代之農民戰爭；義和團則提出「扶清滅洋」口號，主要針對的對象是外國列強。

太平天國成員是南方農民，義和團成員為北方平民；太平天國自始至終都有統一的領導與指揮，組織嚴密；義和團則呈現組織渙散，各自為戰的狀態，缺乏統一的指揮與領袖。

太平天國席捲規模遍及全國十八省，自金田起義至天京陷落前後堅持了十五年，其間提出過《天朝田畝制度》等重要的綱領並部份付諸實踐，建立強大之政權，並與清廷作長期的對峙。

義和團則主要活動於山東、直隸二省，前後鬥爭不過兩年，無重大綱領也未建立過政權。

太平天國起義失敗，在於領導集團爭權內鬨，敗於湘、淮二軍之手；義和團主要敗於八國聯軍之手，被清廷利用與出賣。

然而，太平天國失敗後，各地反清之民變仍此起彼伏，如北方的捻軍、貴州的苗民起事、雲南及陝甘的回變。捻軍由農民、游民、散兵等所組成，原來活動於皖北、蘇北、豫東南、魯西南一帶。太平天國運動爆發後，各路捻軍也相繼響應，會集於安徽蒙城，推張樂行為大漢明命王（又稱大漢永王）。

一八六四年，太平天國敗亡，天京陷落。賴文光重組捻軍，正式授予捻部各將太平天國新王號。次年，賴文光率新捻軍在山東大敗僧格林沁統帶之清軍主力。

再次年，捻軍在與湘軍作戰中獲得勝利後，捻軍分為東西二部，東路由賴文光、任化邦等率領轉戰於河南、江北間，西路由張宗禹率領入陝，多年之後，東西二路捻軍才先後被清軍消滅，但清廷已未此耗損了許多元氣。

如今，義和團的勢力又迅速竄起，讓已奄奄一息的清廷，面臨了更險峻的挑戰。

■ 至於義和團，其實亦與橫行於明末的白蓮教有一段淵源。明末，白蓮教餘孽在山東十分活躍，而這與朱元璋也有一段淵源。朱元璋為濠州鍾離人，自幼出家於皇覺寺為僧，濠州被白蓮教徒占領後，各地殘破，皇覺寺亦被火焚毀，他被迫投靠白蓮教徒郭子興部下；稍後，自立為吳王，建百司官屬，所用封拜除授及有司文牒；朱元璋登皇帝位，國號明，建元洪武，是為明太祖。

太祖建國號曰：明，用意甚深。

最早的白蓮教源自白蓮宗，在名間流傳後與彌勒教、明教相混後而成為白蓮教。因此，明，是根據白蓮教徒妖言彌勒佛降生，明王出世而創號的。

白蓮教在民間流傳許久，傳至清朝，與許多民間宗教、團體混雜，產生了百餘種的支派，信仰與教義紛雜；其中最有名的該數男性組織的義和拳，以及女性組成的紅燈照，他們信奉黎山老母，倡言能使神靈附體，刀槍不入。

義和團最初的源流亦來自白蓮教的支會，如義和拳、大刀會或八卦教等。這些民間迷信團體，活動於山東、直隸一帶，成員複雜，有來自歷史悠久的白蓮教，有來自鄉民自發組成的鄉團，也有來自北方一代以強烈仇外排外著稱的大刀會、梅花拳、神拳等組織，還有一些來自有強烈宗教色彩的神秘組織如紅燈照，及武術組織八卦教等。

義和團練武時，都要先舉行一些迷信儀式，如畫符、喝神水、燒香、拜神、磕頭、念咒請神附體一類的活動，認為神靈附體之後可以刀槍不入；於是，當他們與八國聯軍對戰時，還有許多人嘴裡念念有詞道：「弟子在紅塵，閉住槍炮門。槍炮一齊響，沙子兩邊分。」

他們深信唸了這些符咒，就可以抵抗洋槍洋炮，毫髮無傷。

義和團最初以「反清復明」為口號，到處設置教練場練拳，自稱持符念咒有神力附體，就可以刀槍不入，於是，信眾日漸增多。信眾增多後，因缺乏有效領導，於是，拳民們在山東大拆除洋教堂，殺逐教士，而且還向前來鎮壓的清軍挑釁。

剛開始時，清廷採取鎮壓的方式，希望義和團收斂一些。

山東巡撫毓賢發現鎮壓無效後，立即改為安撫政策，稱他們為「義民」，承認義和拳為民間練拳，希望能藉此而加以控制。於是，毓賢為義和拳改名為「義和團」，而且把組織「反清復明」的口號更改為「扶清滅洋」，並放任他們燒毀教堂，殘殺教民及洋人。

清廷在洋人反彈與外國公使的抗議下，山東巡撫毓賢被詔進京，免職，改以袁世凱繼任山東巡撫。

毓賢原是奉清廷之命鎮壓義和團的，但受於洋人壓力，最終落得吃力不討好的下場。不過慈禧太后調離毓賢其實也情非所願，因為她還不敢得罪洋人；但私底下，她對毓賢十分嘉許賞識，所以，在袁世凱被派往山東巡撫時，毓賢調任山西任巡撫的旨意已經發出了。

袁世凱上任後，積極對義和團重加鎮壓。袁世凱認真剿辦義和團，自稱為義民的集團在山東不能立足，紛紛逃入河北地區，此時，義和團風暴更是不可遏止、如火如荼地在中國北方展開了。

光緒廿六年（一九〇〇年），春。

部份義和團眾在張德成、曹福田率領下，移至河北地區繼續活動，勢力很快席捲直隸各地，大肆展開了排外活動。

於是，西方文化與中華傳統文化之間的矛盾嚴重衝突爆發了。

四月，義和團進入天津，聲勢浩大。他們不但將所有外洋的東西一律加以摧毀，握持刀棍的義和團還與握持槍砲的八國聯軍部隊直接對陣。面對洋人的跋扈與囂張行徑，吞不下這些怨氣的毓賢激起了與義和團同仇敵愾之感，於是，向慈禧太后建言，認為可以利用拳民來對付洋人。

此時，一些封疆大吏也支持毓賢的建言，不少人也公開對義和團表示同情，如慈禧太后的親信寵臣端王載漪，大學士剛毅、徐桐都對義和團的法術深信不疑，主張以義和團來對付洋人。

慈禧太后對義和團的態度產生動搖了。

慈禧太后召集群臣於御前會議，商討和戰大計以及對義和團是剿是撫的決策。

「我贊成剿。」

「應該採取安撫政策，才能平息動亂。」

「安撫就是姑息。」

「一切以時局為重，暫時不宜激烈衝突！」

「剿滅他們，我們不能坐視這群人繼續坐大。」

「且慢！此時此刻貿然行事，得不償失啊！」

會議中，主和派大臣評擊義和團邪術妖法，要求以拳妖禍國的罪處置，一度引來當時極力支持義和團的端王不悅，雙方展開了一場爭執。

會議時，傳來消息，義和團四處殺人放火，局勢似乎失去了控制，義和團在京城內開始大屠殺，莊親王府前的大院，成了屠殺教民的屠場；義和團還四處姦淫擄掠，北京城內被姦殺的婦女不計其數，被焚毀的民房數不勝數，當時，一家老德記西藥房被燒時，火勢失控，熊熊大火夾雜著濃密黑煙，三天不滅，波及最繁華的前門大街，數千家商鋪連及二十四家鑄銀爐廠被付之一炬！

「叫他們散了吧！如繼續聚眾，剿！」

此時，對義和團還有抱有幾分信任的慈禧太后，開始有些許遲疑了，於是，向主張安撫義和團的剛毅和董福祥下旨：

——勒令解散！

勒令解散義和團的命令發出後，次日，慈禧太后召開第二次御前會議，紅著眼公布了一份密報，推崇義和團的行為。

朝中大臣驚愕不已。

原來，慈禧太后收到密報「洋人要慈禧還政光緒」！這大大觸動了慈禧的底線，因此轉而決定支持義和團，向洋人開戰。

在毓賢推崇下，慈禧太后宣召義和團入京保國，此時，清廷大臣許景澄、袁昶挺身力諫，指稱義和團那些行為是迷信，是自欺欺人的法術；端王與朝臣二十餘人為此竟相互擁而哭成一片，他們咬牙切齒，立誓效忠太后，不惜與洋人一拚！

慈禧太后一看，精神來了，命載勛出任步軍統領九門提督，載勛、剛毅、載濂、載漪、載瀾統率義和團進駐京城。而主和的袁昶、許景澄、立山、徐用儀、聯元五大臣則於後一一被處死。

於是，義和團陸續抵達京城，也開始對生活在北京的外國人及教士宣戰。

義和團繼續從四面八方湧入京城，大開殺戒，燒教堂，拆鐵路，毀棄外來事物，濫殺無辜，任意加以「二毛子」的罪名加以戮殺。

何謂二毛子？

在義和團的排外運動中，外國人被稱為「大毛子」，一律殺無赦；中國人如信奉天主教、基督新教、東正教，通被稱為「二毛子」；其他通洋學、懂洋語、以至用洋貨者，被稱「三毛子」以至「十毛子」等。

但事實上，戰亂中誰是二毛子，誰不是二毛子，哪說得準？一切全憑義和團各組織的大師兄燒冥紙判定，紙灰於風中飛揚後，紙灰下墜於誰的身上，誰就是二毛子！

於是，人心惶惶，義和團濫殺無辜，令人心驚。

北京城頓時成為人間的地獄！

■

此時，離北京紫禁城不遠的頤和園，也正悄悄上演荒腔走板的兒戲！

「啟奏老佛爺，劉鶚……」

深獲慈禧太后賞識的大學士剛毅，早期與劉鶚結有樑子，如今在亂世之中，剛毅得知劉鶚從俄軍處賤價購買太倉糧轉賑饑民一事，因此有意藉機構陷劉鶚。

「你是說提議藉外資在山西築路開礦的劉鶚？」

「正是他。」

兩人的嫌隙慈禧太后亦非不知，舊事重提讓慈禧的臉上浮現幾縷厭煩。

「什麼時候了，還提此事？」

「他又鬧事了。」

「他又鬧事？」

「劉鶚從俄軍處賤價購買太倉糧，濟賑北京饑困。」

「很好啊！濟賑北京饑困也算是好事一樁。」

「老佛爺，劉鶚假借濟賑北京饑困，事實上卻私售倉粟從中牟利。」

「真有這回事？」

「千真萬確。」

「如果假借濟賑北京饑困，而私售倉粟之事屬實，那劉鶚就太不應該了！」

「趁火打劫，公理難饒啊，老佛爺！」

大學士剛毅在國仇家恨中，仍然對劉鶚懷恨在心。

劉鶚，筆名洪都百鍊生，江蘇丹徒人，曾經在作品內利用角色「剛弼」影射大學士剛毅為酷吏，為此，兩人生出嫌隙，剛毅從此百般設計想要陷害他。如今，正好抓到了他的小辮子，趁著八國聯軍攻入北京、仇洋排外情緒高漲之時彈劾劉鶚，希望能藉機將他抓拿下獄。

「你說說看，應該治他什麼罪啊？」

慈禧太后顯得有些倦容，緩緩吁了一口氣。

「通蕃賣國罪！」

「通蕃賣國？不是私售倉粟嗎？」

「劉鶚藉外資在山西築路開礦之事未了。」

「好吧！你就看著辦吧，緝拿劉鶚歸案。」

在大學士剛毅策劃下，通緝劉鶚歸案嚴辦的諭旨火速自頤和園傳遞開來。

雖然通緝諭旨下到兩江總督衙門，命總督劉坤一設法捕拿劉鶚解京，可是，那時候地方督撫以兩廣總督李鴻章為首。他們認為朝廷盲目排外，所下詔旨禍國殃民，都是亂命，拒不執行，反而與駐滬各國領事訂立東南互保條約，保全了東南各省，而曾經因《老殘遊記》一書而聞名的劉鶚也幸免於難，暫時逃過了一劫！

■

劉鶚是逃過了一劫，但北京的人們卻又有多少人逃得了這場人禍？北京的烽火不止，慈禧太后傳旨召見莊王載勛，希望聽聽他的意見。

義和團名義上由莊王載勛與家世寒微的滿文翻譯大學士剛毅指揮；義和團進京之時，是前往莊王府報到，於是，許多獨霸一方的大師兄也都住進了莊王府內。

面貌邪惡，臉上滿是麻子，眼睛狹小的莊王出門，都由大師兄們陪隨，隨時為達官顯貴們表演法術。李蓮英甚至還將大師兄們引到頤和園表演刀法給慈禧太后觀賞。

據說，許多官員對符咒的威力深信不疑，也加深了義和團成員們對刀槍不入說法之信念。當時的京城由於受到義和團的影響，幾乎家家都設置神壇唸咒，希望能祈求神仙的庇祐，而許多義和團成員為展現自己的刀槍不入之身，還在大街上表演，在沒有作弊的情況下，卻被子彈貫穿而當場死亡。

圍觀的民眾訝異不已。

義和團成員把這些枉死的現象，歸咎於表演者法力不夠，或心不誠，或被婦女污穢物污染，所以法術才失了靈。即使在後來，與教堂使館武裝部隊發生戰鬥中被洋槍洋炮轟擊得血肉橫飛時，依然深信「死後，靈魂升天」的說法！

義和團在京城裡燒殺擄掠，連日的施暴，部隊上下陷入一片瘋狂，這些失控行為本以讓慈禧動了剿滅義和團的念頭，但事情卻突然急轉直下。

光緒廿六年，五月初，各國公使召兵四百餘名進入北京護衛公使館，並要求慈禧太后將政權交還光緒帝，慈禧得知消息後十分震怒！五月廿五日，一場還沒有開打就可以看出勝負的戰爭，在中國點燃的戰火！

慈禧太后以載漪的名義命大臣寫了十二道絕交書，向英、美、法、德、意、日、俄、西、比、荷、奧十一國宣戰！

許多人都被這個消息嚇呆了。

暴動繼續蔓延。

而先前日本駐華使館書記官杉山彬、德國公使克林德在拳亂中被戮殺死亡的消息如今也傳了出去，震驚世界，於是厲兵秣馬的聯軍先遣隊司令西摩爾和他那由英、德、俄、法、美、日、意、奧八國組成的雜牌軍，也決定向清廷開戰！這支先遣部隊由英國副海軍上將西摩爾指揮，部隊有英軍九一六人，德軍五四〇人，俄軍三一二人，法軍一五八人，美軍一一二人，日軍五十四人，意軍四十人，奧匈軍二十五人。

而在向八國聯軍宣戰後，慈禧太后發給北京的義和團粳米二萬石，銀十萬兩，還下令清軍和義和團一同在天津市全力攻打租界，北京則攻打洋人的公使館和教堂。

另外，指揮義和團的步軍統領莊王載勛下令：

——殺一洋人賞五十兩；洋婦四十兩；洋孩三十兩。

一時之間，滯留於天津與北京的傳教士陷入危機。

而時任山西巡撫的毓賢則將整個山西的外國傳教士及家屬四十六人，都捕捉至巡撫衙門監禁。不久，毓賢下令將，將此四十六人（包含十一名洋人幼童）剝光了衣服，跪在衙門前廣場上斬殺，而毓賢還親自操刀斬殺了天主教山西北境教區正主教艾士傑。

主教被殺，傳教士東奔西竄，惶恐不安！山西全省共殺傳教士一九一人，殺死中國教民及其家屬子女一萬多人。

為此，聯軍部隊迅速移防，暫時止住了一場可能持續擴大的殺戮。

至於清廷方面，則在是庚子事變爆發後就立即下命讓甘肅董福祥率兵進入北京護衛，防拳民、殺洋人，在宣戰後更奉命進攻各國公使館區。

不過危在旦夕的公使館在義和團和董福祥的部隊圍攻五十六天後，一直屹立不搖。

董福祥納悶了。

他派人暗中調查，發現清廷在這段期間竟然送麵粉、蔬果，供給各國公使館；清廷的心理矛盾，董福祥難以理解，也心灰意冷。

原來，這一切是來自榮祿的作為。他一直對義和團那套妖術不信任，對不堪一擊的清軍能否打贏聯軍也不抱絲毫一點希望，而且他擔心把使館區夷為平地，將可能斷送未來和談的生路，因此派人私底下供給物資與軍火給使館以保其安全。

於是，北京城公使館在榮祿陽奉陰違的暗中保護下，義和團和董福祥部隊雖然奉命攻打，每天開砲三百餘發，公使館區籠罩在濃濃硝煙之中，卻始終沒有太多的進展；舊其原因，也在於董福祥用的是土炮，炮聲大卻不會爆炸，殺傷力低，而真正的大炮仍藏在榮祿武衛軍手中。榮祿還下令，不准用重砲轟擊使館區，希望減少洋人的傷亡。

雖然清廷中有智之士已為將來的和談留下後路，但仍是擋不住有心之人的侵略。

八國聯軍部隊從天津向北京推進途中，俄國突然出動大軍向東北三省發動大規模入侵，黑龍江將軍壽山因戰況激烈，敗戰後而自殺身亡！

而四起的烽火也不會只在一處。由聯軍司令西摩爾指揮的八國聯軍先遣部隊，搭乘火車出發，向天津、北京進軍，一路上，遭受義和團的偷襲，而沿線鐵路和電線也被義和團破壞，聯軍無法從鐵路快速進駐北京。

於是，八國聯軍先遣部隊猛烈的炮火，對義和團展開攻擊。

西摩爾與義和團在北倉激戰，占領了北倉後，攻占西沽武庫，聶士成所帶領的義和團部全軍覆沒！英勇的聶士成，臉被子彈洞穿，仍持刀指揮作戰！

不久，大沽炮台被聯軍部隊占領，援軍不斷從海上進攻，與西摩爾部會合，人數達到萬餘人。聯軍總司令，德國陸軍元帥瓦德西也率領七千名德軍趕來，於是，八國聯軍部隊勢如破竹攻下了十幾座城市，直逼北京。在烽火連天的局勢裡，直隸總督裕祿的部隊戰敗了，裕祿自殺，了結一生。

之後，八國聯軍部隊開始進攻北京東城廣渠門、朝陽門、東便門，八國聯軍部隊進城後，搜殺官兵，恣意搶劫，無惡不作。城中來不及逃走的官民被清廷所遺棄，陷入一片恐怖之中！

所有來不及逃跑或未能與慈禧太后一起逃亡的皇親國戚或朝中大臣，都在八國聯軍進入北京後，遭受了他們這輩子以來無法想像的污辱。

戶部尚書崇禮被捕後，每天只能吃幾塊麵餅，吃完麵餅，八國聯軍士兵門就扯著他的髮辮遊街示威；怡親王溥靜被捕後，被強迫為八國聯軍士兵們洗衣服；克勤王被捕後，被派任運送屍體的工作；江蘇織造莊健被捕後，被迫每天在街上挑糞……。

而許多婦女也在聯軍的士兵欺凌下失身或喪命。

從一波一波轉呈的奏摺中，悲劇一回又一回上演著，慈禧太后一臉茫然，望著蒼穹，不發一語。

3.宣戰了，誰是夥伴

清廷將李鴻章調任為封疆大臣中最高職位：直隸總督兼北洋大臣。

慈禧太后給李鴻章的最後一道聖旨是：著李鴻章為全權大臣……

踱步的慈禧太后，繃著臉，不發一語。

八國聯軍攻陷了中國北方的海岸門戶大沽炮臺，三天後，京城的門戶天津陷落了，以保護使館為名登陸的八國聯軍部隊向通州進發。

通州距離北京只有二十公里。

慈禧太后這下可急了。

自從清廷與各國宣戰後，一封比一封急、一封比一封令清廷難堪的電報陸續抵達南方，要求各省封疆大臣率兵北上共同抵抗八國聯軍部隊。李鴻章也是其中之一，但他深知國家憂患日漸深沉，軍力積弱日久，如果這時候挺身而出，恐怕連南方數千年文物古都也都將一同捲入這場風暴。

於是，沉思了許久的李鴻章給朝廷發了一封電報：

——此亂命也，粵不奉詔！

當電報傳到了慈禧太后手中，慈禧看了一眼電報，驚訝不已，沒想到李鴻章會丟給她這個答案。

「出賣民族利益的無恥之徒！」

「畏畏縮縮的膽小鬼！」

「狗奴才！」

慈禧太后咆哮過後，思索著如何對付李鴻章，如何解除燃眉之急。

李鴻章也知道他的那封電報，很可能引來殺身滅族之禍。因為飽讀詩書的李鴻章明白，這在封建帝國中，是具有近代政治意識的官員第一次在國家政治事務中顯示鮮明獨立和抗爭性的表白；更是漢人政治要人首次公然聚眾反抗滿人朝廷。

當時的兩江總督劉坤一、湖廣總督張之洞、閩浙總督許應騤、四川總督奎俊等在獲悉了李鴻章的電文後，也認同李鴻章的決定，共同以「抗旨」的方式，以求東南互保的原則來捍衛清廷南方的疆域安全。

大臣堅持的理由很簡單，如果清廷的南方也發生動亂，那麼，亂了敵人的同時肯定也要亂了自己。這些人的按兵不動，雖然一時之間被國人痛斥為出賣民族利益的無恥之徒，但是，卻在這場沒有勝算的戰爭中，確保了南方的穩定。

這些大臣們清楚知道，義和團風暴期間，「亂民不可用、邪術不可信，兵釁不可開」，他們之所以抗命，不是偏袒洋人，不是賣國求榮，而是忍辱負重的以天下百姓為重。

這些大臣各各都明白，他們所保護的部分洋教士始終是與大清百姓為敵的，他們從干涉、參與武裝鎮壓至大肆搶奪，讓大清子民們經歷了一場驚心動魄的動亂；即便是當時自稱中國問題專家的美國公理會傳教士明恩溥，也曾被人指控在山東以各種手段搶占房地產，以擴展地盤。但保護洋人，事實上卻是保護了大清百姓，避免流血衝突，也為往後的和談與重建留下了退路。

■

講到明恩溥，另有故事；從中可以看到，這些洋教士基本上有其本國之立場，在戰亂中，往往是站在了大清的對立面。

當時明恩溥以上海《字林西報》專欄作家的身份撰寫文章，製造輿論的重視，誣蔑和謾罵，並要求鎮壓大清人民的反帝鬥爭。他於西元一八九九年十二月向駐京美國公使館發出了電報：

——拳民叛亂在山東、直隸兩省的二十個縣迅速蔓延。槍殺、放火、暗殺之事有增無已，其明顯目標在殺害基督教徒，驅逐所有外國人。除非四國公使聯合起來，使用壓辦，則龐庄——臨清——濟南府的美國人，認為形勢是毫無希望的。

同年，他在字林西報上發表了一篇社論《北方火災臨頭》：

——若不從速撲滅，則全帝國將無外人可居之地，甚至連將來的勢力範圍也就沒有了。

明恩溥還親自控告魯西道台吉燦升，平原縣令承泗、高唐州知州李恩祥、夏津和屠縣的秦應舉「懲辦拳民不力」。袁世凱任代理山東巡撫時，他還與袁世凱商討有關鎮壓大刀會的事情。

而當時的英國傳教士李提摩太也參與帝國主義列強鎮壓義和團的活動。

一九〇〇年春，李提摩太前往美國出席環球基督教會議和布道差會會議，指責中國局勢的嚴重，預言不久將有變亂發生，要求各個傳教機構採取共同行動，設法弭止。之後，前往波士頓、華盛頓、紐約州發表演說，請求美國干涉正在中國掀起的義和團風暴。

返華途中，李提摩太聽說義和團風暴如星火之燎原，已經由直隸蔓延至許多省份，立即拍發電報給上海的英國總領事，轉請英國首相要求中國各省督撫對在華的英國人的安全負完全責任，如有事故發生，惟該督撫是問。

於是在傳教士與八國聯軍的裡應外合之下，風暴越來越狂。

北京淪陷了。

另一頭，掌權的慈禧太后開始逃亡，出了神武門，朝德勝門方向往西安出奔，沿途仍一直與李鴻章保持聯繫。而善變的慈禧太后，在抵達太原時，終於決定不惜一切代價議和，於是，派隨行的慶親王奕劻火速回京，與李鴻章辦理議和事宜。

憂心忡忡的慈禧太后，傳旨將李鴻章由兩廣總督，調任為大清國封疆大臣中的最高職位：直隸總督兼北洋大臣。慈禧太后給李鴻章的聖旨是：

——著李鴻章為全權大臣。

沉默已久的李鴻章在廣州登船準備北上。

經過了一番折騰，李鴻章抵達天津時，天色已暗，他順道前往曾經執政達二十多年的直隸總督府，在滿目瘡痍的天津城中，總督府已是一片廢墟。

無奈之餘，繼續搭船北上，不久來到了烽火四起的北京。

此時，八國聯軍宣布，除了「兩個小院落仍屬於清國政府管轄」之外，整個京城由各國軍隊分區占領。這兩個小院落，一個是李鴻章居住的賢良寺，一個是與聯軍議和談判的慶親王的府邸。

知道李鴻章抵達北京的消息，八國聯軍總司令瓦德西立即透過管道照會李鴻章和慶親王，以步步進逼的方式，提出議和談判的大綱：

——懲辦禍首；禁止軍火輸入中國；索取巨額賠款；公使館駐紮衛兵；拆毀大沽炮臺；天津至大沽間駐紮洋兵，保障大沽與北京之間的交通安全自由。

大沽口炮臺位於天津市東南約六十公里的海河入海口，是天津海防要隘，創自明代，清咸豐八年重修時增設南岸三座，北岸二座大炮臺，以

「威、鎮、海、門、高」五字命名，每台置放三尊大炮。由於大沽口炮臺是京師對外門戶，在幾次侵華戰爭中都占有著重要的地位，因此列強的要求無疑是要清廷自廢武功。

面對這六項嚴重侮辱主權的原則，李鴻章一時之間不知如何是好。此時，逃亡至西安的慈禧太后，一直等待李鴻章的好消息；而此時湖廣總督張之洞聯合南方的封疆大臣，力主不能在《議和大綱》上畫押。

「如果堅持不畫押，談判會破裂。」

「畫了押，賣國啊！」

「不畫押，會將清廷帶入永無休止的戰亂。」

「我們怕了？」

「誰怕了？八國聯軍在京城屯兵數萬人，隨時有擴大戰爭的能力。」

李鴻章對不明敵情卻局外論事的張之洞十分惱火；張之洞不想辯解，心裡想著，就看你李鴻章怎麼善了。兩人的言語交鋒甚至被人當成一副對聯而為時人傳頌：

——香濤做官數十年，猶是書生之見耳。

——少荃議和三四次，遂以前輩自居乎？

（張之洞，號香濤；李鴻章，號少荃。此為兩人對彼此之譏諷。）

在內外交逼的處境下，已七十七歲李鴻章的頭髮似乎越來越白了。

不過由於在李鴻章費盡唇舌的力爭下，《議和大綱》中並沒有將慈禧列為禍首，更沒有要她交出權力，於是，慈禧太后臉上的憂慮也淡了，朝廷給李鴻章回電：

——敬念宗廟社稷，關係至重，不得不委曲求全。

接獲指示的李鴻章和慶親王，最後代表清廷在《議和大綱》上簽下了自己的名字。

只是，簽下了名字後，從各地而來的指責如浪潮般湧入，一波波打擊，皆是指責李鴻章為秦檜，批判李鴻章誤國！

視茫茫髮蒼蒼而齒動搖的李鴻章吐血了。

知道自己已經時日不多的他，卻也顧不得這麼多了，他只想盡快結束談判，一心企盼八國聯軍能盡速撤出京城，好讓皇室朝廷回京；然而，簽字後，八國聯軍卻仍是堅持要先把賠款的數額定下來，更要求親眼看到懲辦禍首，否則，不會善罷干休。

李鴻章顯得疲憊了許多，累了，一夕之間，頭髮也更白了。

關於懲辦問題的談判，耗盡了李鴻章最後的氣力。他堅持無法接受皇親們在菜市口被洋人斬首；而為了鉅額的賠款，他更是與洋人爭來爭去，精疲力盡。無奈之餘，清廷判處縱容義和拳暴民的親貴大臣十一人死刑，而此時十一人中，四人已自殺，三人賜死，二人充軍邊省，實際僅二人被處斬殺頭！

李鴻章吐血現象越來越嚴重了。

當聯軍代表堅持，大清國內四億五千萬個臣民，每人一兩，以示懲罰時，李鴻章已經不知如何處理；沒想到消息傳至慈禧太后那邊，朝廷的回電竟然是：應準照辦！

李鴻章知道，自己已經盡力了。

於是，賠款問題由隨行的下級官員談判，結果，清廷允諾賠款四億五千萬兩，分三十九年還清，年息四釐！

李鴻章獲知消息後，難過的又吐了一次血！

4. 烽火下，詭異傳言多

圍城之下，沒有消息一直被視為不祥之兆。數日過去了，仍然沒有任何回音。

動亂蔓延中，洋人所面臨的同樣也是一場場悲劇。八國聯軍部隊在清廷的疆域奔波，並非一帆風順。因為戰火已燃，很多狀況連清廷也無法掌控。所以，當八國聯軍兩千人乘火車直奔北京而被攔截和圍困的消息傳出時，再度震驚世界。

當時對大清態度友好的美國國務卿海約翰也傻了眼……海約翰是一位漢子，在八國聯軍侵華之前，他就已經針對列強瓜分中國的行動提出了「門戶開放政策」，他希望大家能和平相處，共同在中國的廣大市場上取得通商利益。

光緒廿五年，秋。海約翰向駐美的英法德俄四國大使，提出「中國門戶開放的主張」，內容大意是：

——各國在中國所獲得的權益、租借地及勢力範圍，彼此互不干涉，同時尊重中國主權和領土完整，勢力範圍內的關稅均按協定稅率，由中國徵收。

此項主張提出後，起先各國紛紛閃避，直到英國首先表示贊成，其他各國也才陸續表示同意。

光緒廿六年。美國將這項主張公布，通知各國政府，於是，各國對於中國的侵略和爭奪，暫告中止。於是，有人說，海約翰救了中國。

當時，美國國務卿海約翰曾發出電報，明確指示駐華的大使康格，在義和團暴亂中，美國絕對不做任何有違美國歷來在華行為和原則的事，絕對不與列強結盟。

然而，之後的數日，海約翰沒有收到康格的任何回電。

當世界焦點鎖定於中國時，一波一波的義和團湧入北京，燒殺搶掠的暴行，引起了中國的動亂，也引爆了洋人憤怒的情緒！海約翰預感情況不妙，往北京發電詢問康格：

——你需要更多軍人？

此時，北京裡的外國公使館被清軍與義和團層層包圍，與外界失去了聯繫。困守公使館的各國公使再度召開會議，商議解決辦法。德國公使克林德提議，各公使館代表聯袂前往總理衙門要求保護。雖然情況危機而且十分必要，但是，有日本書記官殘酷被殺、暴屍道路的前車之鑒，為人身安全考慮，各國公使對德國公使提出的集體行動建議表示拒絕。

德國公使克林德仍然堅持面見總理衙門官員，因此單獨行動。

然而，克林德一去就再也沒回來了；他在前往總理衙門的路上，被清軍一槍打死。也因此，聯軍部隊被激怒了，決定血洗北京！

■ 事實上，問題的發生絕非偶然，清廷與德國的摩擦，已經有一段時間了。

歲月往前推。光緒廿三年十月，山東曹州府鉅野縣發生暴徒搶劫殺害德教士二人的慘案，德國以此為由，兵艦入侵膠州灣，以強大武力逼退守將章高元。山東巡撫李秉衡震怒不已，認為德國欺人太甚，在「土地不可自我而失」的堅持下，立即派兵迎擊，

次年，事件落幕之後，懷恨在心的德國公使海靖將李秉衡列為頭號戰犯，並提出六點要求：

——強烈要求清廷將李秉衡罷黜；給天主堂建築費六萬六千兩，賠償盜竊物品銀三千兩；要求清廷在鉅野、菏澤、鄆城、單縣、曹縣、魚台、武涉七個地方建教士住房，並供給工程費二萬四千兩；保證永不再犯；以兩國人資本設立德華公司，築造山東全省鐵道，准許開採鐵

道附近的礦山；德國辦理此案費用由大清全數賠償。

清廷在德國壓力下，免了李秉衡山東巡撫官職，改派為四川總督；可是當他正前往履任前夕，清廷在德國步步進逼下又再度免去了李秉衡四川總督官職。

當事件正要告一段落時，卻又忽然傳來曹州發生驅逐教士、殺害洋人的消息，為此，德國公使海靖再度進逼，以強硬態度逼迫清廷同意租借膠州灣。清廷迫於無奈之下，幾經衡量時勢，把膠州灣租了出去，租借區域內，德國得行使主權、建築砲台等事，中國軍艦商船來往，均照德國所定各國往來船舶章程一例待遇，而且，租借期限為九十九年。

於是，大清與德國的嫌隙就此埋下。

而雖然清廷與德國的摩擦，已不再是秘密，也一度引起其他國家的不滿；然而，當德國公使克林德在光天化日之下被槍殺時的消息傳開時，卻激怒了聯軍部隊！

■

零星戰火四起。

美國方面仍然沒有接獲北京的回音。此時，國際社會雖然都還不知道德國公使被殺的消息，但各國心中已然隱隱不安。

於是，海約翰轉而求助清政府駐美國公使伍廷芳，希望得到北京公使館的任何消息，但一直沒有答覆。消息中斷將近一個月，海約翰通過義和團控制的電訊給兩廣總督李鴻章發密碼電報，請他轉交美國公使館的康格。

數日過去了，依然沒有任何回音。

各國對派駐當地的中國公使之求助也同樣沒有結果。

圍城之下，沒有消息一直被視為不祥之兆。尤其是國際社會開始流傳：

——義和團已將駐北京所有公使斬盡殺絕的傳言。

之後，又是幾個星期過去了，仍然沒有任何一個國家得到自己的公使館的任何消息。當時許多人開始確信那些不脛而走的傳言是真的。於是，美國總統麥金利命柔克義為美國駐華專員，海約翰指示柔克義說：

——啟程赴中國，依照我的口頭指令行事。

巧的是，就在此時，絕望的海約翰突然收到了一封密碼電報。電報是中國駐美公使轉交的，電文是康格寫給約翰海的：

——一個月來，我們一直被圍困在英國公使館，中國軍隊的槍擊和炮彈聲不斷。只有迅速解救才能阻止大量屠殺。

美國公使館還在，但北京的美國人被困！

這封電報如同一個炸彈一樣瞬間引爆，原本在絕望中歸於平靜的美國國務院被激怒了。

但是在興奮、憤怒與擔憂的情緒中，美國人卻也開始懷疑了起來：中國駐美大使轉交的這封電報，是一個月以來唯一的消息，消息所傳達的訊息實在有限；其內容雖然是以密碼形式遞交到國務院的，但難道義和團沒有占領他們的公使館？如果占領了，難道他們不會發現轉換密碼電報的工具？如果發現了，他們就沒有可能以康格的名義起草這封電報並脅迫清政府轉交嗎？為什麼這封電報只提及中國軍隊的槍擊和大炮聲，沒有提及義和團？

許多疑問無法解開，費盡猜疑之後，次日，海約翰再度給康格發了一封密碼電報，希望確證那封突然抵達的來電的真實性，證實康格及其他公使館人員到目前為止安然無恙。

同時，美國也開始認真考慮派兵進攻中國的可能性，美國陸軍將領威爾遜接到隨時待命出發的通知，美國終於不再猶豫了！

此時的大清，如一隻紙老虎，早已被洋人洞悉了它的外強中乾；在多次的侵華行動後，西方列強原先對中國的實力還存有一點的疑惑和顧忌，但在如今點點滴滴的交涉過程中，也已經全部有了答案——中國已是一隻無力反抗的待宰羔羊，避免不了招來列強塗蹋的命運。

於是，聯軍浩浩蕩蕩如黃海的潮水般，拍擊著中華的疆域！

清廷大臣為了善後，仍繼續與聯軍部隊協議，對外持開放態度的李鴻章等人，聯合奏請朝廷鎮壓拳民，保護外國人，賠償義和團暴亂造成的損失，對德國公使遇害事件賠禮道歉。清廷中央迫於壓力，對外態度暫時亦緩和了許多，除邀外國公使及家屬前往總署避難外，還送物資至公使館，下命暫停圍攻。

可是曾任山東巡撫的李秉衡卻認為，如此的決策有損國威，因而堅持反對。

於是在慈禧太后決意宣戰後，李秉衡獲得重用，掌京郊武衛軍，防守京畿。在李秉衡的堅持下，清廷又採取強硬態度，五位已被撤換的總理衙門大臣因此莫名其妙被推至菜市口斬首。

而這也讓大清步入了無法挽回的危機！

浩浩蕩蕩的八國聯軍部隊在洋教士密切配合下，迅速攻占了北京與天津。清廷儼然已失去所有的威信以及對自己國內的掌控權，大清的人們即便想逃命，如拿不到聯軍的通行證，是無法離開天津的。

而這時存在於中國各地的教會勢力也開始展開反撲的報復行動，曾經受害的教民也成群結隊，四處打家劫舍，甚至揚言他們的行動是奉命報復的；還有教眾會賄賂民眾，指控並逼官府緝拿落單的義和團團員，或栽贓某人為義和團團員，如果官府不理會，則聚眾喧嘩，如一經官府查辦，則立即打量他們家中的財產，以決定應該索賠多少銀兩。

於是，人人驚慌畏懼，希望花錢能夠消災。

街上逃亡的人潮驚慌喊叫：洋鬼子就要進城了，快逃吧！

逃亡的人潮越來越多，街巷中秩序越來越亂，而傳教士反擊義和團的行動卻始終沒有鬆手，甚至進行一連串秘密而瘋狂的戮殺，對於平常因秉公執法而危害傳教利益的官紳們，傳教士也藉機要求懲處，使得整個清國陷入一片混亂之中。

除了懲凶、賠款的要求外，傳教士還像是打「落水狗」一般，對清廷進行猛追窮打的轟擊，藉此擴大地盤，要求清政府出錢為他們建立教堂。

清廷慌了。

八國聯軍部隊火燒王府，屠殺在王府的義和團民約一千七百餘人，在北京街頭搶奪擄掠了三天，清廷派慶親王奕匡和李鴻章作為全權大臣向八國聯軍求和，聯軍總司令瓦德西抵達北京，成立了管理北京委員會，由各國分區占領北京城並提出議和大綱。

聯軍總司令瓦德西伯爵，為德國皇帝威廉二世的重臣，而他和中國的奇女子賽金花也有著這麼一點關係。當年，清廷殿試狀元洪鈞奉派出使德俄荷奧時，他的夫人不願隨往，洪鈞攜侍妾賽金花赴任，賽金花當時只有十七歲，年輕貌美，雖出身青樓，舉止溫文有禮，以公使夫人身分傾動德國上流社會，因此，與瓦德西伯爵夫婦相識並且結為很好的朋友。

瓦德西伯爵初到北京，二人重逢，極為愉快，仍以舊友身分交往，賽金花藉此為中國百姓解除了許多苦難，也助聯軍解決了生活上的許多問題。

遺憾的是，在義和團動亂中，一位出身風塵的女子賽金花，一個讓世人感佩的奇女子，最後竟貧苦的死於北京。而戰端禍首之一，那飽受烽火之擾、受了點風寒而心神慌亂的慈禧太后卻沒有病死於西安。

■《辛丑條約》簽訂後，慈禧太后帶領著朝中大臣浩浩蕩蕩從西安回京！

慈禧太后一路乘轎而行，抵達正定後，乘坐火車到達保定駐蹕，然後乘坐火車進入北京，所有官員都趕往保定接駕。

袁世凱知道慈禧太后此時最需要的是排場和銀子，於是，把大批的銀子送到了保定車站，讓慈禧太后帶上火車回京；為了討取慈禧太后的歡心，還在保定車站與北京車站的大門口，架起了豪華而鮮豔的彩棚，彩棚上綴滿了鮮花與彩燈，贏得了慈禧太后的另眼相待，也奠定了他日後於仕途上竄升的基礎。

慈禧太后從西安回京，沿途還大修行宮，百姓苦惱不已。回到北京後，北京城外也站了一批批的大臣與各國公使，龐大的陣容猶如御駕親征凱旋回朝的皇帝。

此時，北京的蒼穹，有點寒意了。

5. 雪落了，江東六十四屯

清光緒廿六年六月，俄軍在江東六十四屯的暴行，令人髮指。大清居民被集中於大屋中，放火焚燒；僥倖逃出的人淹死在黑龍江中。

寒意，來自於雪花的飄落。

你去過北大荒嗎？冰天雪地的冷，讓你領悟了多少血淚的歷史？北大荒是中國黑龍江省北部一大片地區的一個名稱。

很多人認識北大荒，是從梅濟民一本文學創作開始。梅濟民，黑龍江省綏化縣人，國立台灣大學中文研究所畢業，曾任日本東京大學、新加坡南洋大學教授；而《北大荒》、《長白山夜話》、《牧野》是梅濟民教授敘寫故鄉北大荒的名作，大部分故事的背景發生在東北，對於當地的風土人情描述很深刻，充滿了高雅恬淡的靈性之美，溫柔敦厚而不濫情。

梅濟民教授筆下的「北大荒」為今日的黑龍江省，是中國位置最北、緯度最高的省份，地理位置形似展翅飛翔的天鵝，自古有「天鵝之省」美稱。由於地處邊陲，幅員遼闊，人煙稀少；直到清朝政府放寬封禁政策，人口才大量移入，而其豐富的農牧林礦資源，如今，已成為中國重要的北大倉。

而位於黑龍江中游右岸，小興安嶺中段南麓，與俄羅斯布拉戈維申斯克（又譯海蘭泡）隔著一條黑龍江遙遙相望的黑河市，是當時清廷北部邊塞城市。

歷史上的黑河又稱璦琿城。

明永樂年間，在黑龍江左岸西普奇屯南（屬江東六十四屯）構築忽里平寨。清初，在這裡建造了木城做為第一任黑龍江將軍薩布素的駐地，史稱黑龍江城。康熙廿三年（一六八四年），薩布素將衙門從江左遷至江右，在距離黑河市三十五公里的黑龍江右岸重建一座城市，稱璦琿新城。

光緒廿六年，木城被俄國攻城部隊放了一把火燒為灰燼，只剩下魁星樓。

新、舊璦琿城是清政府統轄黑龍江流域的戰略要地，民初，璦琿城轉移至黑河鎮，之後，建縣制並轄璦琿，稱為璦琿縣，璦琿縣所轄的黑河鎮、幸福鄉和煤礦區組成黑河市。

■從十九世紀開始，俄國趁著太平天國之亂以及英法聯軍侵華之時，多次派兵入侵，咸豐八年（一八五八年）以武力迫使清政府簽訂《璦琿條約》，侵吞黑龍江以北，包括江東六十四屯在內的六十萬平方公里的大清領土。

光緒廿六年（一九〇〇年），俄國的軍隊突然封鎖了黑龍江，把正在江上捕魚的船隻全部扣留，不准一個中國人過江，還出動大批軍隊把黑龍江對岸海蘭泡的數千名清國居民，不論男女老幼，一律監禁。俄軍還把海蘭泡居民的住宅、商店洗劫一空。

這件事正好發生在八國聯軍部隊侵略中華的時候。

喪心病狂的沙俄政府眼巴巴看著美、法等國在大清版圖為所欲為，撈了許多油水，眼都紅了。於是，蓄意製造了「海蘭泡慘案」，將住在海蘭泡的華人強行押到黑龍江邊，逼迫他們下江，否則，就開槍射殺。

沒多久，幾千個中國人的屍體就已堆積如山，令人觸目驚心。

然而，遭到俄軍殘害的並不只有海蘭泡的人民，俄軍在江東六十四屯的暴行，令人髮指，他們將中國居民集中於一間大屋中，然後放火焚燒。

有些僥倖逃掉的人，也多淹死在黑龍江中。

那年的冬天特別冷。中國人的心也冷了。

雪紛紛落下。

在沙俄政府趁火打劫的逼迫下，清廷手忙腳亂，不知所措。

當年清廷黑龍江將軍奕山與西伯利亞總督莫拉維也夫簽訂的《璦琿條約》，規定俄人得航行於黑龍江、烏蘇里江，又規定黑龍江以北，面積比現在東北九省還大的土地，為沙俄政府所有，而烏蘇里江至海之地則由中俄兩國共同管理。

烏蘇里江是東北的一條大江，赫哲族人散居於江畔捕魚為生，烏蘇里江群集大馬哈魚、鱘魚、鰉魚。中俄邊界非常漫長，在黑龍江省東部、東南部，與北韓鄰近的吉林省東部。當黑龍江與烏蘇里江等中俄邊界河流冬季冰封時，東北虎可以在冰凍的河流表面，輕易跨過邊界。

而依照《璦琿條約》，烏蘇里江以東至海之地由中俄共管，清廷損失大了。

究竟黑龍江、烏蘇里江是中國內河，或中俄兩國共管之界河？據黑龍江將軍奕山奏報稱：

——黑龍江、松花江左岸，由額爾古納河至松花江海口，作為俄羅斯國所屬之地；右岸順江流至烏蘇里河，作為大清國所屬之地；由烏蘇里河往彼至海所有之地，此地如同接連兩國交界明定之間地方，作為兩國共管之地。由黑龍江、松花江、烏蘇里河，此後只准中國、俄國行船，各別外國船隻不准由此江河行走。

於是，這兩條江為中俄之界河，似不宜直稱為內河航行。

前人種下的惡果，最後卻成為後人的災難。俄國趁八國聯軍侵華，清廷無暇他顧之際出動十多萬軍隊以「護路」為名對華人進行肅清，製造海蘭泡事件；事後更以兩國邊界的模糊歸屬為藉口，強占江東六十四屯。

慈禧太后跳腳了。但除了傻眼與跳腳外，又能奈何？

雪落下了。

等待雪融的心情，似乎是難熬的。

歇息

載湉最後一次在西苑勤政殿召見大臣後，神情顯得疲憊。慈禧太后與載湉的病危，文武官員個個噤若寒蟬。

等待病情好轉，已遙遙無期了。

奔波忙碌的生活，容易讓一個人憔悴。慈禧太后老了也累了。

光緒三十四年夏末，慈禧太后罹患了大便稀薄、次數頻繁增多的泄瀉病。

病情時好時壞，御醫分別從實瀉或虛瀉的診斷中，開了十餘帖處方，卻無法根治，慈禧太后依然為泄瀉所苦，好幾次都因為突然的便急而弄髒褲子，憤怒之餘，身旁的小太監也就遭殃了，免不了一陣毒打。

十月，天氣涼了，泄瀉已轉為嚴重的痢疾，御醫們對病情似乎無法掌握，慈禧太后時好時壞的病情，也急壞了舊勢力掌權的大臣們，擔心一旦載湉復權，可能會對他們不利。

光緒三十四年冬，載湉最後一次在西苑勤政殿召見大臣後，神情顯得疲憊，沒想到也病倒了，躺在床上，全身軟弱無力。慈禧太后與載湉的病危，文武官員個個噤若寒蟬。

光緒三十四年十月二十一日（一九〇八年十一月十四日）清晨。

御醫前往察脈時，發現載湉在床上仰躺著，張大著眼睛，張著嘴巴，身邊只有一名太監。御醫診斷光緒的病況為：心急跳、面黑、神衰、舌黃黑、便結、夜不能眠！

誰知，傍晚時，載湉竟然在含恨的淚水中過世，結束了他在人世間的恩怨情愁。

時光匆匆於掌中滑過，回顧一生的悲歡，驚多於喜。

載湉死了。

第二天，慈禧太后也一命嗚呼，撒手人間！

掌儀司首領太監用鵝黃吉祥轎將慈禧太后的遺體從西苑儀鸞殿緩緩抬

出，抵達皇極殿後，輕輕放在回床上。次日，在隆裕皇太后和瑾妃的敬視下，遺體被殮入了棺內。

這位左右著清廷半個世紀的女人，載湉口中的「親爸爸」，宮女、太監、朝臣口中敬稱「老佛爺」的慈禧太后，死於西苑儀鸞殿後，謚孝欽慈禧端佑康頤昭豫莊誠壽恭欽獻崇熙配天興聖顯皇后，葬於河北遵化定東陵。

東陵，在慈禧太后生前就已經修建了三十年，曾經花費不少銀兩修繕，希望能在死後擁有一個足以永久安息之地。多年之後，一九二八年，當時的國民革命軍第六軍團第十二軍軍長的孫殿英部隊經過時，進行秘密盜陵計劃，乾隆的「裕陵」與慈禧太后的「東陵」被挖得一片狼籍；其中，乾隆的棺木雖然以漆封閉甚為牢固，仍被破了一個大洞，棺木內的寶物依序從這個洞理被掏出來。

至於慈禧太后隨葬的珍寶有多少？她的心腹太監李蓮英親自參加了慈禧棺中葬寶的儀式。據他和侄子所著的《愛月軒筆記》記載：

——慈禧屍體入棺前，先在棺底鋪三層金絲串珠錦褥和一層珍珠，厚一尺。頭部上首為翠荷葉；腳下置粉紅碧璽蓮花。頭戴珍珠鳳冠，冠上最大一顆珍珠大如雞卵，價值一千萬兩白銀。身旁放金、寶石、玉、翠雕佛爺二十七尊。腳下兩邊各放翡翠西瓜、甜瓜、白菜，還有寶石制成的桃、李、杏、棗二百餘枚。身左放玉石蓮花，身右放玉雕珊瑚樹。另外，玉石駿馬八尊，玉石十八羅漢，計七百多件。葬殮完畢，又倒入四升珍珠，二千二百塊寶石填棺。

慈禧太后墓被盜的消息傳出後，清朝末代皇帝溥儀在天津聽到消息，曾派寶熙、陳毅、耆齡前往料理，發現棺木旁僅存慈禧遺體，珠寶衣物都被洗劫一空，下身只穿一條內褲，而傳言中價值二億兩白銀的陪葬品全不見了！

不見了！曾經叱吒一時的滿清王朝也不見了。

留下的是幾座陵墓，一些泛黃的歷史，以及掩卷時的幾聲唏噓！

第三篇

人事已非的風華

光緒廿六年的人

義和團事件後，清廷為賠償巨款而橫徵暴斂，百姓苦不堪言。多少人多少事，在一場風雨之中上了台，又謝了幕。

1. 那桐，領兵鎮守豐台御敵

那桐，滿洲鑲黃旗人，葉赫那拉氏，光緒年間的舉人。《辛丑條約》簽訂後，那桐被任命為專使，赴日本道歉。宣統元年，被任命為軍機大臣，人們稱他為那中堂。

光緒廿六年，八國聯軍侵華，那桐受命領兵鎮守豐台御敵，卻沒能擋住洋人部隊。北京失陷了，慈禧太后帶著載湉逃往西安，那桐奉命充任留京辦事大臣，跟隨李鴻章與八國聯軍議和。

為了籌湊與與八國聯軍交戰的經費，在慈禧太後首肯下，那桐將清廷宮內珍藏的北宋時期鈞窯燒制的成套貢品瓷器，抵押在英國於北京開辦的匯豐銀行。傳說這套鈞窯瓷器是明代遺留在宮中的，明朝末代皇帝崇禎吊死煤山，清朝接收了明宮中的全部器物，其中就有這套宋鈞窯瓷器。

之後，匯豐銀行鄧君翔見奇貨可居，將宮內抵押品贖出，轉手賣給美國世界最著名的大都會博物館。

2. 袁世凱，登上皇帝寶座

袁世凱，一八五九年生於河南項城。

早年曾經參加科舉考試，屢試不第，而投入淮軍提督吳長慶麾下，戊戌變法期間，偽裝贊成維新運動，然後，暗地出賣維新派，取得慈禧太后的寵信。

光緒廿六年二月，升任山東巡撫，嚴厲鎮壓義和團；不久，八國聯軍侵犯北京，他加入東南互保運動。之後，繼李鴻章為直隸總督、北洋大臣及練兵處會辦，成為疆臣之首，北洋之主；他以實行新政為名，擴編北洋軍為六鎮，從此，成為北洋軍閥的首領，竄升為軍機大臣、外務部尚書。

辛亥革命時，出任內閣總理大臣，他一方面以武力鎮壓革命，一方面卻私下與革命黨人談判，最後竊取中華民國臨時大總統職位。其後，為復辟帝制，接受日本提出喪權辱國的《二十一條》要求，史稱「五九國恥」。一九一六年一月，登上皇帝寶座，改中華民國為中華帝國，年號為洪憲；同年三月二十二日，在舉國上下的一致反對中，被迫消帝制。

只當了八十三天皇帝的袁世凱終於下臺了。

臨終前，袁世凱召見徐世昌、段祺瑞、王士珍、張鎮芳，口述遺囑，表示遵照約法，由副總統黎元洪繼任總統。

3. 康有為從事教職，門庭冷落

康有為，咸豐八年（一八五八年）出生於廣東南海縣銀塘鄉，世稱康南海或南海先生，為清代著名的學者。光緒廿四年，以工部主事贊光緒帝行新政；失敗後，亡命日本，組織保皇會。著有《孔子改制考》、《新學偽經考》、《大同書》、《春秋董氏學》、《春秋筆削大義微言考》、《孟子微》等。

戊戌政變失敗後，康有為逃往日本，組織保皇會，反對民主革命。晚年完成的《大同書》中，描繪一個東方式的烏托邦：無邦國，無帝王，人人相親，人人平等，天下為公，是謂大同。

康有為晚年從事教育工作，在上海愚園路住宅開設天游學院，報名者不過二十餘人，門庭冷落。康有為一度自我安慰說：

耶穌有門徒十二人，尚有一匪徒在內。今其教遍於天下，豈在多乎？

4. 盛宣懷，創辦北洋大學堂

維新不是從戊戌才開始的。

甲午戰爭，清廷失敗，朝野一片喊出應向西方學習的呼聲，迅速在各地蔓延。最有代表性的說法出自順天府尹胡燏棻，他說：

——今日即孔孟復生，捨富強外亦無治國之道，而捨仿行西法一途，更無致富強之術。

這份奏章，比康有為發動的公車上書晚了十天。而公車上書中各項主張，在同一時期也曾在許多大臣如劉坤一、袁世凱、盛宣懷等的奏章中提出相似觀點，當時清廷對這種主張也不以為忤。

科舉制度的改革成為朝廷大臣議論焦點。榮祿要求逐步廢止原有武舉考試，以新式的武備學堂和京師大學堂取代。

榮祿的建議被採納了。

於是，從光緒廿一年開始，盛宣懷先後創辦了天津北洋西學學堂（後更名為北洋大學堂）和南洋公學，在中國教育史上留下了輝煌的一頁。這兩件事都曾奏請朝廷批准，獲得過慈禧太后的認可，清廷批准盛宣懷在天津、上海創辦北洋大學堂（天津大學前身）、南洋公學（交通大學前身），也使得清國開始有了自己的現代意義的大學。

於後，慈禧太后曾召見盛宣懷，詢問相關事宜。

「何謂學堂？」

慈禧太后問道。

「是教習洋務之學堂，曾經奏過在天津、上海兩處開辦的。」

這次召見的時間在光緒廿五年十月，戊戌政變已經過了一年多了。這一年，全國已有清人自辦的學堂一七五所，遍布全國十七省，且都曾上奏朝廷批准。

盛宣懷是中國近代洋務運動的領袖人物，歷任輪船招商局、上海電報局、中國紡織機器織布局等近代工業企業的督辦、會辦、總辦等職。

5. 梁啟超，推廣詩界革命

梁啟超，廣東新會人，十七歲就中了舉人，是康有為的弟子。

戊戌變法前，與老師康有為一起聯合各省舉人發動公車上書運動，之後，先後領導北京和上海的強學會，又與黃遵憲一起辦《時務報》，擔任長沙時務學堂的主講，並著作《變法通議》為變法做宣傳。

戊戌變法失敗後，梁啟超與康有為一起流亡日本，之後梁啟超以《飲冰室合集》、《夏威夷遊記》推動詩界革命，對中國近代詩歌的發展具有重要的指導作用。

梁啟超於一八九九年秋，在給康有為的一封信中提到：

——國事敗壞至此，非庶政公開，改造共和政體，不能挽救危局。今上賢明，舉國共悉，將來革命成功之日，倘民心愛戴，亦可舉為總統。吾師春秋已高，大可息影林泉，自娛晚景。啟超等自當繼往開來，以報師恩。

光緒廿八年梁啟超曾創辦《新民叢報》，從第一期開始連載《新民說》，期望喚起國人的自覺，要人民從帝國時代皇帝的臣民轉化為現代國家的國民，為二十世紀的華人發揮啟蒙的作用。

三年後，梁起超著作《中國殖民八大偉人傳》，這本書是第一部探討海外華人的書籍，更是日後華僑殖民論的濫觴。

梁啟超的兒子梁思成曾擔任清華大學建築系主任，參加人民英雄紀念碑和揚州鑒真和尚紀念堂與中華人民共和國國徽設計。

6.張之洞，中學為體西學為用

張之洞生於道光十七年。二十六歲時，於殿試中，中一甲第三名進士（探花），授翰林院編修。中日甲午戰爭的主戰派，積極鼓動抗擊日本之侵略。

日本首相伊藤博文訪華期間，還曾前往湖北與張之洞談了兩天。

張之洞自幼受傳統四書五經的教育，他的論著被光緒皇帝欽定為西化變法的意識指南，曾多次上書反對中國貿然引進西方民主制度。提出著名的「中學為體，西學為用」的理念，獎掖後進，開辦實業，以「以夷制夷」的策略，進行外交斡旋。

張之洞的外交戰略和李鴻章不同，李鴻章聯俄制日，他則主張聯日抗俄。而在中國現代化的著力點上，他也與恭親王奕訢、李鴻章、左宗棠與盛宣懷等有所不同，他提倡設立鐵政局，成立漢冶萍煤鐵公司，創辦漢陽鋼鐵廠，為中國大規模煉鐵之始。

7. 劉坤一，實行東南互保之策

劉坤一，一生仕宦甚久，從初次擔任知縣開始，官場四十六年中，約有三分之二的時間擔任地方督撫大員，他的表現深獲清廷肯定。晚年任兩江總督兼南洋大臣時，光緒廿六年八國聯軍侵華，當時他與李鴻章、張之洞、袁世凱等人倡導實行「東南互保」之策最為有名。

光緒廿年，甲午戰爭爆發時，時任兩江總督的劉坤一認為，威脅大清國的國家以日本為最，日本企圖占領東北的野心積蓄已久，而俄國因為與大清國東北接壤，日本如此之行為是俄國最不願意見到的。「聯俄拒日」成為清廷主流意識。

8. 吳芝瑛，投入反袁戰鬥

吳芝瑛，別號萬柳夫人。早年在家鄉有詩、文、書三絕之稱譽。

光緒十一年，與江南名士廉泉結為夫婦，光緒廿四年隨夫移居北京，慈禧太后還曾特別召見。

光緒廿六年，義和團事件後，清廷為賠償巨款而橫徵暴斂，百姓苦不堪言。吳芝瑛上書清廷，倡導國民捐，主張「產多則多捐，產少則少捐，無產則不捐」，因此，得罪了當時的達官貴人。

光緒三十年，勸丈夫辭職南歸，於上海曹家渡小萬柳堂隱居。

不久，袁世凱稱帝，吳芝瑛於江蘇獨立後的第七天挺身而出，投入反袁鬥爭，在致袁世凱的《萬柳夫人上*容庵先生書》中，揭露袁世凱假共和之名而行專制之實的真面目。

*袁世凱，字慰亭，號容庵。

吳芝瑛在桐城擁有的田地、房舍遺產甚多，除全部捐贈外，她還在家鄉辦了一所以父名命名的鞠隱學堂。

9. 榮祿，對慈禧太后忠誠

榮祿，瓜爾佳氏，滿洲正白旗人。他最突出的性格是沉默，沒有人知道他在想什麼。慈禧太后剛剛逃往西安時，最受寵信的榮祿卻沒有尾隨，之後，他接到諭旨，讓他留在京城辦事。

慈禧在戊戌政變時非常倚重榮祿，而榮祿也沒讓太后失望，為政變提供了強力的武力後盾。政變後，慈禧散布載湉病重的消息，企圖除掉他。消息走漏，最後卻鬧到洋人出面要給載湉看病，慈禧不敢惹洋人，只好讓洋人看了病。

除掉載湉的計劃沒有成功，於是，慈禧太后和榮祿想出先為同治皇帝立嗣，再除載湉的辦法，而入選的皇儲是端王載漪十五歲兒子溥儁。慈禧假光緒帝無法誕育後嗣為由下詔立溥儁為大阿哥，並在元旦時，邀請各國公使來道賀，希望得到洋人的支持。

公使們拒絕了。

公使不喜歡慈禧太后黨的勢力過分龐大，也反對廢載湉和立皇儲之事，而這些都是榮祿意料之外的！

10. 醇親王，奉旨和慈禧的妹妹成婚

醇親王奕譞十九歲時，奉旨和慈禧的妹妹成婚。

兩年後，奕詝在熱河行宮臨終時，召集了三個御前大臣和五個軍機大臣為贊襄政務大臣，立了六歲的兒子載淳為同治皇帝，以免慈禧太后專政。

慈禧太后召集在北京與英法聯軍交涉和議的恭親王奕訢，趕來熱河離宮保駕，成功的發動辛酉政變。醇親王在政變中，親手捉拿了顧命贊襄政務大臣中為首的蕭順，從此，奕譞一生都受慈禧太后的寵信。

奕譞有四位*福晉，生了七子三女。排行第一、三、四的兒子早夭，二子載湉當了光緒皇帝，五子載灃順理成章地繼承了醇親王之王位，而溥儀則是載灃的兒子。奕譞去世時，遺下三子一女。

溥儀，是慈禧太后妹夫奕譞的孫子，是她最寵愛的內務大臣榮祿的外孫。

所以，當慈禧太后病危時，因載湉無子，故在御塌前召集王公大臣舉行會議商討立嗣。會議中，慶親王奕劻力主立溥倫或溥偉為帝，可是，慈禧太后不同意，朝中大臣揣摩慈禧太后心意後，推舉三歲的溥儀，慈禧立刻點頭。

於是，溥儀以「過繼同治兼祧光緒」的名義，成為了清朝最末一代的皇帝。

溥儀只當了三年的皇帝，清朝就結束了。

這三年期間，政權掌握於他的父親攝政王載灃手中。

11.董福祥，率兵護衛慈禧太后逃亡

興建於一九〇二年，三年後竣工的董府（宮保府），是典型的三宮六院式的封建府宅，董府官邸是融中國南北方藝術於一爐的宏偉建築，分為主體建築群、府牆、府廓、護府河等四部分。

宮保者，保宮也，也就是保護過皇宮的人物。

這位保衛過皇宮的人為董福祥。

董福祥出生於寧夏，在新疆征戰過十幾年，於八國聯軍打入北京時，清政府召他進京。慈禧太后和光緒離開北京往西安逃亡，董福祥親自率兵護衛。

清政府與外國侵略者議和的先決條件是將董福祥處以死刑，慈禧念他

＊福晉為滿語，即妻子的意思，含有貴婦的意義（即漢語夫人的音譯），清朝制度對親王、郡王世子之妻室均要加封，正室封為福晉，側室封為側福晉。

有功，又恐後患無窮，處處護著他，只有處以「革職」並限期返回故里的處分。

董福祥納了新疆維吾爾族女子為四姨太後，那位來自新疆的女子，嫌棄山城的風貌，為了取悅她，董福祥就派人前往與新疆地貌差不多的吳忠市金積鎮一帶買下了一片大湖塘。

為了興建房舍，全國當時十三個省就調來了八個省的知名工匠，還動用了一百多隻駱駝，從磁窯堡運了一年的煤炭，在湖底鋪墊厚度為二公尺厚的炭基，於炭基的上面夯以黃土，構建了一座美輪美奐的董府基地。

12. 賽金花，一個青樓女子

有人說，清朝末年的北京城，有兩個頂尖的女人，一個是慈禧太后，一個是賽金花。一個朝綱獨攬唯我獨尊；一個是人盡可夫的娼妓。

賽金花原藉安徽徽州，原姓趙，小名三寶，又叫靈飛，生於清同治十一年（一八七二年），父親在太平天國事件時流浪於蘇州，娶了當地女子為妻，生下了賽金花。光緒十二年，趙家家道中落，十三歲的賽金花經一位遠親女眷的牽引，在秦淮河上的花船穿梭往來，成了陪客調笑而不陪宿的青倌人。

此時，出身蘇州城內張家巷，於同治七年中了一甲一名進士的狀元洪鈞，由江西提學的任上，因母親去世回到老家蘇州，發現了賽金花，在友人的慫恿下，正式把賽金花娶了過來，成了他的第三房姨太太。

洪鈞將她改名為夢鸞，從此，賽金花成為「狀元夫人」，也開啟了她生命中嶄新的里程。洪鈞帶著賽金花一同入京，不久，洪鈞就被任命為出使德、奧、俄、荷四國欽使兼領四國特命公使，由於他的夫人不願前往，於是洪鈞帶著賽金花飄洋過海赴任。

光緒廿三年，賽金花當時只有十七歲，年輕貌美，雖出身青樓但舉止溫文有禮，再加上洪鈞精通德、英文，才華出眾，兩人傾動外交界的上流社會，更與德國的瓦德西伯爵夫婦相識並且結為好朋友。

當英、法、俄、德、日、奧、美、意八國聯軍擊潰了義和團和清軍，由天津一路向京城挺進時，賽金花走入京師，慈禧太后卻急急忙忙逃出北京城。

八國聯軍進入北京城，劫掠燒殺姦淫，北京城一片哀嚎，如人間地獄。

此時的賽金花雖然已是寡婦，在陝西巷內重起爐灶，以女人最原始的本錢，靠妓女的皮肉生涯謀生；但她目睹這場前所未有的浩劫，在驚悸與傷痛之餘，也激起她悲天憫人的情懷。

由於攻打北京的八國聯軍總司令正是舊交瓦德西伯爵。瓦德西伯爵初到北京，二人重逢，十分愉快，仍以舊友身分交往，透過這層熟識的關係，賽金花向瓦德西求情，希望瓦德西整飭紀律，制止士兵的淫亂搶掠；於是，北京城百姓生命財產，因此保全不少，賽金花被喻為一代女傑。

據說，慈禧太后與光緒從西安回鑾後，有意表揚她的奉獻，可是，朝中大臣爭相表功獻媚，似乎已忘記了一個青樓女子的存在。

而當時她在北京姻親，卻由於她妓女的身分而多加嫌棄，為了替她死去的丈夫洪鈞老狀元遮醜，把賽金花趕出北京城，勒令她返回原藉蘇州。

賽金花離京後，眼淚在眼眶中閃爍，多年風風雨雨，帶著顆被創傷的心，回憶舊日繁華，恍如一場春夢。民國十一年，五十多歲的賽金花以紅顏盡失，病容憔悴，兩鬢斑白，在天橋居仁裡一處平房內閉門寡居，靠著典當和借債度日，已沒有多少人知道她就是曾紅透半邊天的一代名花。

光緒廿六年瑣事

八國聯軍入侵北京，《永樂大典》遭焚毀，所存之書又被列強劫奪，全書幸存僅三百餘冊，約為原數的百分之三。

1.廣東出現了銅元

中國的銅元始於廣東。

中國自有金屬貨幣以來，最早採用機器造幣，是光緒八年由吉林機器造幣局所製造的銀幣。

俗稱銅板的銅元，在中國發行流通，前後約半個世紀，是清末民初時期流通的金屬貨幣。最早的機制銅幣，是光緒十五年，廣東造幣廠製造的，在錢幣史上稱為機制幣；而銅元也是由廣東廠於光緒廿六年首先制造的。

光緒廿六年（一九〇〇年），廣東因停鑄制錢，市面制錢流通日漸減少，日常生活也出現了不方便，此時，受到香港銅仙及外幣影響，於是開始計劃仿造，以減緩錢幣流通之弊。

一九〇〇年六月，廣東開鑄銅元，成分是紫銅百分之九十五，白鉛百分之四，錫百分之一，每枚重二錢，當制錢十文，正面中央為「光緒元寶」及滿文「寶廣」，每百枚換銀幣一元。

廣東銅元的出現，為中國銅元之先河。

義和團事件之後，戰爭失利及巨額賠款的影響，清廷視鑄幣為發財之道，各省造幣廠如雨後春筍般成立，因鑄造局過多，鑄量太過，式樣與成色無法一致，出現了黃銅元或劣質銅元的現象，對銅元流通造成不良影響，清廷被迫進行整頓。

2. 大甲帽席開拓日本外銷市場

台灣的大甲帽席製作的起源，有一段淵源。

傳說光緒廿三年，苗栗苑裡西庄農婦洪鴦，因為兒子幼時頭部生瘡，為了保護兒子的頭，就根據「加紋席」的編織方法，模仿洋帽樣式，經過多次改良而完成了第一頂藺草編織草帽。

光緒廿六年，日據初期，大甲鎮士紳朱麗、李聰和、杜清共商在大甲街庄尾一一一番號，請平埔族具才藝者利用野生大甲藺示範草帽編織，之後，創設元泰商行，開始外銷日本，首度將帽胚售予大阪市桶口商店，由於草帽最先為大甲所出產，亦是主要產地，所以稱之為「大甲帽」。

3. 台南市音樂家許丙丁

光緒廿六年，台灣台南市出生了一位音樂家許丙丁。

許丙丁年幼時，父親就過世了，仰賴母親撫育長大。幼年時，進入私塾讀書，常逗留於關帝廟、下太子廟、大天后宮，聽說書者講古，這些對於他日後從事鄉情掌故的整理與創作影響不少。

二十四歲時，因對南管音樂頗為愛好，參加「桐侶吟社」的音樂社團。在地方上頗有文名的許丙丁，曾以台南市各大小寺廟崇祀的神佛為角色，應用街談巷議的傳說，以幽默手法寫成章回小說《小封神》，連載於「三六九小報」；戰後又寫《廖添丁再世》，也成了「講古」藝人的口中課本和聽書人的耳鼓資料。

另外，在戰後投入歌壇，除了為民謠填詞外，還與流行歌曲作曲家許石、吳晉淮等人合作許多令人耳熟能詳的歌曲《漂亮你一人》、《可愛的花蕊》、《菅芒花》、《菅仔的輪船》、《菅仔埔阿娘仔》。

許丙丁曾籌組天南平劇社，擔任社長三十餘年，在「四郎探母」中飾演楊四郎，也為漫畫「小封神」插圖。

4. 香港最先放映電影的戲院

據香港《華字日報》記載，光緒廿六年，電影已經進入香港的戲院放映了。

光緒廿六年，香港只有二家戲院，除了位於大道西的高升外，另一間是大安台的重慶。

當年二月二十日，香港最先放映電影的戲院是「重慶」，當時上演的是粵劇戲班「杏同春」。當晚的票價是中間座位收毛半，兩旁的座位收四十錢（一毛錢換一百錢）。

當時看戲是男女分座的，正中的位置是劃給女人坐，兩旁才是男人的座位。

5. 基督教之前監理公會創辦東吳大學

東吳大學於光緒廿六年，由基督教之前監理公會（現與美以美會合併，改名為衛理公會）創辦，前身實由蘇州博習書院、上海中西書院、蘇州宮巷書院所組成。

次年，定名為「中央大學」並設置文理二科，數年後改名「東吳大學」。一九二七年，文理二科改為文理學院，潘慎明為院長，一九二九年，東吳大學核準立案，設文理、法學院。

一九四九年，神州變色，在臺復校，乃於一九五一年先設東吳補習學校，暫借台北市漢口街一段十五號樓房一座為校舍，聘邱漢平博士為校長；直至一九五四年，教育部以東吳補習學校三年來辦理頗著成績，於七月二十九日核准東吳大學復校。

6.聯軍入侵，《永樂大典》遭焚毀

《永樂大典》是明代的一部規模宏大的類書。

永樂元年（一四〇三年）明成祖為了整理歷代典籍，命翰林學士解縉等人編修一部類書，次年，書完成了並定名為《文獻大成》。由於成祖覺得所編纂者還有許多未完備，內容過於簡略，復命姚廣孝和解縉等共同監修，重行編纂，於永樂六年完成，改稱為永樂大典。

《永樂大典》全書正文二萬二千八百七十七卷，凡例和目錄六十卷，裝成一萬一千零九十五冊。這部書收錄中國宋元以前重要的圖書文獻，內容包括經、史、子、集、釋藏、道經、戲劇、工技、農藝等各方面資料，

明代之前大量秘籍佚文在此保存了下來。

嘉靖年間，明世宗命人摹寫副本一部。於後，由於受到多次兵燹之災所牽累，正本大約在明亡之時已毀，副本在明清易代之際就逐漸散失。

光緒廿六年（一九〇〇年），八國聯軍入侵北京，大部分書籍遭焚毀，劫後所存之書籍又被英、美、德、俄等列強所劫奪，如今全書幸存的僅三百餘冊，約為原數的百分之三。目前書冊散落世界各地，台灣故宮則存有六十二冊。

7. 慈禧太后曾駐蹕八仙庵

八仙宮現存殿堂建築均保留明、清兩代風貌，風格古樸，莊嚴而雄偉。

八仙宮原名八仙庵，位於西安市東關長樂坊，屬道教全真派，是道教在西北地區最大的十方叢林。始建於元，至宋朝興建於*唐朝興慶宮的局部故址上而成形。八仙宮以美麗動人的八仙傳說而享譽海內外，屬陝西省第一批文物保護單位。

據八仙宮碑石記載，宋時在此地下常聞隱隱雷鳴之聲，百姓建雷神廟鎮之。後又有人於雷神廟看見異人游宴於此，認為是八仙顯化，於是，建八仙廟祀之。金、元之際，道教全真教大興，全真教尊漢鐘離、呂洞賓為北五祖，因而在仙蹟故址「雷祖殿」、「八仙庵」上大興土木，擴建廟宇殿堂。

清光緒廿六年，八國聯軍進入北京，慈禧太后、光緒西逃西安，曾駐蹕八仙庵，為八仙庵頒賜「玉清至道」匾額，並敕封為「敕建萬壽八仙宮」，從此八仙庵又稱為八仙宮。

＊興慶宮，是唐玄宗和楊貴妃居所，面積超過北京故宮的一倍，今日的「興慶宮公園」，面積要比昔日的興慶宮小，僅其三分之一。

8. 鎮錢塘江潮的六和塔

六和塔又名六合塔，坐落在杭州市城南錢塘江邊月輪山上，始建於北宋開寶三年（九七〇年），當時*吳越忠懿王錢俶建造此塔以作為鎮壓錢塘江洶湧浪潮之用，現存的磚結構塔身是南宋紹興廿六年（一一五六年）重建的；外部的十三層木檐是光緒廿六年（一九〇〇年）重建，塔的飛檐翹角上掛有一〇四個大鐵鈴。

塔名的由來說法不一。

一說，六和出自佛經關於僧人修道的規約〈六和敬〉，身和同住，口和無爭，意和同悅，戒和同修，見和同解，利和同均。吳越王為保境安民，不事戰爭，故以六和名之。

另有一說，六和又為六合，是「天地四方」之總稱，建佛塔可鎮各方妖魔。

六和塔高約六十公尺，占地九百平方公尺，為樓閣式磚木結構寶塔，原有塔院開化寺。塔內面南有南宋紹興年間敕賜開化寺尚書省牒碑，面北壁龕刻明代線刻真武像，內廊壁龕刊有南宋的石刻《四十二章經》。

9. 金門民俗村成立了

光緒廿六年，落於金門山后村中堡的「金門民俗村」成立了，又稱「山后民俗村」，全村住宅、家祠、學堂十八棟，全部採用閩南傳統二進式建築。

十八棟雙落古厝，依山面海，井然有序，係旅日僑領王國珍、王敬祥父子構建分贈山后王氏族人居住的宅第，所用建材皆購自漳、泉，甚至遠

*吳越忠懿王錢俶，五代十國時期吳越最後一位國王，九七五年助北宋滅南唐，受趙匡胤封為名義上的天下兵馬大元帥。宋太宗太平興國二年（九七八年）錢俶為了避免戰亂，主動被北宋吞併。

及江西一帶，費時二十餘年。

古厝格局，講求構築的裝飾；並以「光耀門楣」作為裝飾重點。從庭院樓閣的配置，到壁樑雕畫的取材，巧奪天工，匠心獨具，充分顯示中華文化建築特色。

十八棟宅第建築因久經海風吹襲，原貌破舊不堪，民國六十八年經金門縣政府斥巨資復舊改建，分別開設文物館、禮儀館、喜慶館、休閒館、武館、生產館暨古官邸一座。

10. 阿城清真寺為著名清真寺

哈爾濱地區最早的伊斯蘭寺院阿城清真寺，修建於光緒廿六年。

阿城清真寺位於金代古都阿城西南的清真小區，為中國百座著名清真寺之一，是哈爾濱地區保護最好的古建築。

阿城清真寺始建於清乾隆四十二年（一七七七年），同治五年（一八六六年）部分遭到兵燹破壞，同治十二年毀於祝融，光緒廿六年

（一九〇〇年）修復竣工。寺高二十公尺，由瑤殿、中殿、卷棚三部分組成。整個建築青磚到頂，磨磚對縫，瓷磚嵌壁，雕梁畫棟，鬥拱飛檐，錫頂月牙，造型精美，古色古香，是中國典型的大屋頂式建築，也是穆斯林活動的重要場所。

11. 承恩門為通往大稻埕孔道

光緒元年（一八七五年），沈葆楨奏請在台北建一府三縣，奉準在「福建台北艋舺地方添設知府一缺，名為臺北府，仍隸于臺灣兵備道。」當時台北府所轄三縣為淡水縣、新竹縣、宜蘭縣。

沈葆楨駐台期間，曾開山通道，撫綏生番，設學堂；廢除漢人渡台禁令，在廈門、上海、香港設招墾局，以機器開採基隆煤礦，備置輪船航行閩、台間，於台南安平建億載金城，設置新式砲台。

另外，台北府城的建造，大約於光緒十年（一八八四年）十一月竣工。

台北府城北門又稱承恩門，是早期城內通往大稻埕一帶的主要孔道。日據時期，拆除做為總督官邸涼亭的礎石。

光緒廿六年，將西門及城垣位置開闢為三線道路，就是今日的愛國西路、中山南路、忠孝西路、中華路所在的位置。

12.淡水線鐵路鋪設，次年竣工

光緒十三年（一八八七年），台灣巡撫劉銘傳曾著手修築自台北至基隆間之鐵路。日據時期，由總督府交通局經營之縱貫線，自基隆迄高雄，於光緒廿五年開工，費時九年。次年，淡水線鐵路鋪設，隔年竣工，為台北與淡水往來之主要交通運輸線，於民國七十七年七月因捷運規劃停駛。

光緒廿六年，台灣總督府制定道路設備準則，乃台灣從事現代化公路修築之始，同時強制人民獻工、獻地及增課戶稅，作為築路之財源。

光緒皇帝年表

同治十三年（一八七四年）

- 日本以台灣原住民誤殺琉球船民為藉口，出兵台灣。
- 以慈禧皇太后萬壽節，針對在京旗官年滿六十歲以上者恩賞。
- 命內外奏牘呈兩宮披覽。晉慧妃為皇貴妃，珣嬪為珣妃。
- 十二月，載淳逝於養心殿。以醇親王之子載湉承繼文宗，入承大統，為嗣皇帝，俟嗣皇帝有子，再承繼大行皇帝。以明年為光緒元年。上大行皇帝諡為「毅」，廟號穆宗，封皇后為嘉順皇后，皇貴妃為敦宜皇貴妃。

光緒元年（一八七五年）

- 正月，光緒御太和殿即皇帝位。
- 馬嘉禮案件發生，英國勢力開始侵入西藏。英國借馬嘉禮案強迫清政府簽訂《煙台條約》。
- 左宗棠督辦新疆軍務討伐阿古柏，收復新疆兩路。

光緒二年（一八七六年）

- 光緒帝始入毓慶宮讀書。
- 督撫張之洞堅決提倡設立鐵政局。

光緒三年（一八七七年）

- 以山陵未安，頒慶賞宴外賓典禮暫緩舉行。

光緒四年（一八七八年）

- 六月，李鴻章開辦灤州開平礦務局。
- 試署台北府知府林達泉三月抵台北，暫時以竹塹廳署為府署。同年十月九日死於任內，遺職由原淡水廳同知陳星聚署理。

光緒五年（一八七九年）

- 三月，葬穆宗帝后於惠陵。
- 唐山胥各莊運煤鐵路興工，成為中國自辦鐵路之始。

光緒六年（一八八〇年）

- 台灣苗栗地震，一日十數次，民居多倒塌者，人心惶恐，不敢夜宿於室。
- 台北地震，台灣淡水地區地震兩次，雖不嚴重，居民受驚不淺。

光緒七年（一八八一年）

- 三月，慈安太后逝於鐘粹宮，上謚為孝貞皇后。
- 九月，葬孝貞皇后於遵化定東陵。

光緒八年（一八八二年）

- 翰林院侍讀溫紹棠奏稱時事多難，請皇太后勵精勤政，詔以皇太后尚未康復，飭之。
- 整頓八旗官學。

光緒九年（一八八三年）

- 法軍進攻越南河內，中法戰爭。
- 澎湖通判李嘉棠奉文華殿大學士李鴻章之命，在西嶼內外塹建造海岸防禦砲台。

光緒十年（一八八四年）

- 以恭親王奕訢因循貽誤罷軍機大臣，家居養疾。
- 法艦炮轟福建馬尾造船廠挑起馬尾海戰。

光緒十一年（一八八五年）

- 中法戰爭結束。
- 懿旨勘修南北海工程。
- 九月，改台灣府為行省，劉銘傳為台灣巡撫，設立海軍事務衙門。
- 撥年節宮用銀五萬兩，賑給山東災區。

光緒十二年（一八八六年）

● 懿旨：欽天監於明年正月擇皇帝親政日期。

● 皇帝親政定於明年正月十五日舉行。

光緒十三年（一八八七年）

● 正月，光緒帝始親政。

● 懿旨：醇親王以親王世襲罔替，朝廷大事，仍備顧問。

● 巡撫劉銘傳倡導台灣鐵路，五月在台北設立臺灣鐵路局，並派員赴南洋招募商股，延聘德人墨爾漢為工程監督，英人馬利遜為總工程司，六月，台北至基隆一段鐵路在台北大稻埕開工。

● 下詔：朝鮮派使西國，必須先行請示，允准後再往，方合屬邦體制。

光緒十四年（一八八八年）

● 改清漪園為頤和園，詔修頤和園，備皇太后臨幸。

● 懿旨：皇帝大婚禮明年正月舉行，二月初三日歸政。

● 懿旨：立都統桂祥之女葉赫那拉氏為皇后。選侍郎長敘之女他他拉氏姐妹為瑾嬪、珍嬪。

光緒十五年（一八八九年）

● 正月，大婚禮成。
● 二月，慈禧太后歸政。
● 光緒帝奉慈禧太后巡頤和園，檢閱水陸操。

光緒十六年（一八九〇年）

● 成立漢冶萍煤鐵公司，創辦漢陽鋼鐵廠。

光緒十七年（一八九一年）

● 四月，頤和園竣工。
● 台灣台北至基隆一段鐵路竣工。光緒十八年（一八九二年）

光緒十八年（一八九二年）

- 為辦慈禧太后六十歲大壽，詔王大臣承辦，會同戶、禮、工部及內務府博稽舊典，詳議以聞。於宗人府設慶典處。

光緒十九年（一八九三年）

- 命直隸擇保精曉天文、醫理、卜筮、數學及嫻於堪輿者，上之內務府。

光緒廿年（一八九四年）

- 懿旨：六旬萬壽，晉封妃嬪名號。
- 日軍在豐島海面突然襲擊清國運兵船，中日甲午戰爭爆發。
- 懿旨：起恭親王奕訢直內廷，管總署、海軍署事，併會同措理軍務。
- 北洋海軍在黃海遭遇日本海軍，爆發黃海海戰。
- 各國使臣於文華殿呈遞國書，賀慈禧太后六旬萬壽。

- 孫文在檀香山成立「興中會」，提出「驅除韃虜，恢復中華」，創立合眾政府綱領，成為中國第一個資產階級革命團體。
- 北洋海軍保衛威海衛之戰。
- 清廷在天津小站編練新軍。

光緒廿一年（一八九五年）

- 李鴻章代表清廷在日本馬關議和，簽訂《馬關條約》。
- 康有為聯合在北京參加會試的一千三百名舉人，上書都察院要求拒和、遷都、變法，史稱「公車上書」。
- 康有為與梁啟超在北京組織「強學會」。
- 俄、德、法三國干涉，迫使日本放棄對中國遼東半島的主權要求。
- 漢陽鋼廠百噸煉鐵爐開始生產，為中國新法大規範煉鐵之始。

光緒廿二年（一八九六年）

- 俄國誘訂《中俄密約》，攫取中東鐵路權，將侵略勢力伸入東北三省。

- 醇王福晉葉赫那拉氏逝，輟朝十一日。
- 懿旨：醇王福晉逝，應稱「皇帝本生妣」。躬送醇王福晉金棺奉移。

光緒廿三年（一八九七年）

- 巨野教案發生，德國以此強占膠州灣，引發帝國主義瓜分中國狂潮。

光緒廿四年（一八九八年）

- 元旦受禮改於乾清宮，停宗親宴。
- 康有為等在北京組織保國會，以保國、保種、保教為宗旨。
- 選派宗室王公出洋遊歷；光緒帝親選親王、貝勒，公以下閑散人員由宗人府保薦。
- 召見康有為，命充總理各國事務衙門章京。頒佈《明定國是詔》，開始百日維新。
- 詔立京師大學堂；陸軍改練洋操；自下科始，鄉、會、歲科各試，改試策論；詔八旗兩翼諸營，均以其半改習洋槍。

- 詔改定科舉新章。
- 詔裁詹事府、通政司、大理、光祿、太仆、鴻臚諸寺，歸併其事於內閣，禮、兵、刑部兼理之。
- 賞內閣侍讀楊銳、中書林旭、刑部主事劉光第、江蘇知府譚嗣同併加四品卿銜，參預新政。
- 詔袁世凱來京。
- 維新派於上海創辦《時務報》，以汪康年為總理，梁啟超為總主筆。
- 慈禧太后復垂簾於便殿訓政，下詔康有為結黨，奪職下獄。康有為逃，楊銳、譚嗣同等戊戌六君子下獄處斬。
- 光緒帝被禁瀛臺，慈禧太后訓政。
- 義和拳改稱義和團，山東義和團首先提出「扶清滅洋」口號。
- 英國強租威海衛。

光緒廿五年（一八九九年）

- 美國國務卿海約翰提出門戶開放政策。

光緒廿六年（一九〇〇年）

請參閱附錄〈光緒廿六年，大清紀事〉與〈光緒廿六年，台灣紀事〉。

光緒廿七年（一九〇一年）

- 奕劻、李鴻章在北京與十一國公使訂立《辛丑條約》。
- 八月，慈禧太后、光緒帝等自西安啟程還京。
- 慈禧、光緒還宮，詔以珍妃上年殉節宮中，追晉貴妃。

光緒廿八年（一九〇二年）

- 台灣日人對原住民展開全面的殺戮，原住民憤而對日警發動游擊式的襲擊，在馬那邦山（位於泰安鄉與大湖鄉東興村交界）登山口至稜上石門一帶展開戰鬥。

光緒廿九年（一九〇三年）

- 三月，為謁西陵，下詔修鐵路。
- 鄒容從日本回國，發表《革命軍》，提出了開創「中華共和國」的口號。
- 十月，英軍侵入西藏，清廷未組織反抗。

光緒三十年（一九〇四年）

- 四月，英軍入侵西藏，西藏人民展開江孜保衛戰。六月，英軍攻陷拉薩。
- 十月，見奧、德、俄、比諸國使節於皇極殿。

光緒三十一年（一九〇五年）

- 孫文在日本成立中國同盟會，提出驅逐韃虜，恢復中華，建立民國，平均地權的綱領。

● 清廷派五大臣出洋考察，立憲派掀起立憲運動。
● 日、俄爆發爭奪中國東北的日俄戰爭。

光緒三十二年（一九〇六年）

● 正月，醇親王載灃之子溥儀（宣統皇帝）生於醇王府，母親為親王嫡福晉蘇完瓜爾佳氏。
● 頒詔預備立憲，先行更定官制。
● 內閣、軍機處、外務、吏、禮、學各部及宗人府、翰林院仍舊，改巡警部為民政部，戶部為度支部、兵部為陸軍部、刑部為法部，工部併入商部，為農工商部，增設郵傳部、軍諮部、海軍部、資政院、審計院。

光緒三十三年（一九〇七年）

● 八月，光緒病重。
● 立資政院，命貝子溥倫、孫家鼐為總裁。

光緒三十四年（一九〇八年）

- 十月，光緒病危。
- 懿旨：醇親王載灃之子溥儀在宮中教養，載灃監國為攝政王。
- 光緒帝逝於瀛臺涵元殿，年三十八歲。
- 懿旨：以溥儀入承大統為嗣皇帝，承繼穆宗為嗣，兼承大行皇帝之祧，尊慈禧太后為太皇太后。次日，慈禧逝。以皇后葉赫那拉氏為皇太后。
- 十一月，溥儀即位於太和殿，以明年為宣統元年。

光緒廿六年，大清紀事

【正月】

- 廿五年末，慈禧太后藉光緒帝名義頒詔，欲立嗣以廢光緒。廿六年正月，知府經元善等聯名上疏諫立嗣，勸光緒勿存退位之思。為此觸怒當朝，籍家治罪。

【四月】

- 戊戌政變餘波盪漾，詔通緝康有為、梁啟超，毀所著書。

【五月】

- 義和團起義，進入北京城。
- 義和團焚燒正陽門城樓，殺德國公使克林德。
- 清廷發佈詔書，向列強宣戰。
- 清廷嘉獎義和團為「義民」，並且通令各省督撫招募義民，以抵御外來的侵略。
- 盛懷宣致電李鴻章、劉坤一、張之洞策劃東南互保。
- 道士王圓籙揭開了沉睡幾百年的敦煌藏經洞秘密。

【六月】

- 八國聯軍組成。
- 六月十八日八國聯軍攻占天津。
- 東南互保運動逐漸蔓延。

【七月】

- 命榮祿保護各國公使前往天津。
- 七月二十一日，德、奧、美、英、法、日、意、俄八國聯軍陷北京。
- 光緒、慈禧太后倉惶出逃西安，珍妃被害葬身井中，史稱「庚子西狩」。
- 北海成為日、法、俄國的聯合司令部，把毀棄北海宮苑裡西苑鐵路的鐵軌、車站與小火車。
- 八國聯軍入侵北京，明代規模宏大的類書《永樂大典》大部份書籍遭焚毀，劫後所存之書籍又被英、美、德、俄、日等列強所劫奪，如今，永樂大典全書幸存的僅三百餘冊，約為原數的百分之三。
- 俄國在中國北方掀起「江東六十四屯慘案」。

【九月】

● 慈禧太后逃亡至西安，以撫署為行宮。

● 孫文倡導的興中會於惠州起義。

【十二月】

● 慈禧太后於西安宣佈「變法」，「清末新政」開始。

光緒廿六年，台灣紀事

- 日治時期的台灣公佈實施「度量衡條例」，度量衡統一，光緒廿九年開始禁止使用舊式度量衡。
- 台灣總督府制定道路設備準則，此乃台灣從事現代化公路修築之始，同時強制人民獻工、獻地及增課戶稅，作為築路之財源。
- 台灣淡水線鐵路鋪設，次年竣工，為台北與淡水往來之主要交通運輸線。
- 台中梧棲人黃玉階在台灣倡導「天足會」，鼓勵婦女解放小腳。
- 台灣阿里山發現大森林。
- 台北至台南通電話。
- 台灣大阪商船公司開闢航線。

清朝的皇帝

● **太祖努爾哈赤（一五五九年至一六二六年）**

滿族，愛新覺羅氏，明萬曆四十四年一六一六年，定國號「大金」，史稱後金，年號「天命」。

一六一八年以反抗民族壓迫「七大恨」為由，公開反抗明朝。

一六二五年，親自率領六萬大軍討伐明軍，史稱「寧遠之戰」，遭明朝守將袁崇煥以紅夷大炮擊敗，受傷後病逝，葬於瀋陽福陵。

● **太宗皇太極（一五九二年至一六四三年）**

努爾哈赤第八子，一六二六年繼承汗位。年號「天聰」、「崇德」。仿明朝官制，設立了六部。一六三六年稱帝並改國號為「大清」。

一六四三年，病死於盛京，葬於瀋陽昭陵。

● **世祖福臨（一六三八年至一六六一年）**

皇太極第九子，六歲時登基，年號「順治」。一六四四年趁明朝滅亡之亂，入主中原，遷都北京，首次頒布《大清律》。

二十四歲，因罹患天花而病死，葬於孝陵。

● **聖祖玄燁（一六五四年至一七二二年）**

順治帝第三子，八歲繼承皇位，年號「康熙」。實施寬民政策，六次南巡，首次完成全國土地的測量。設館編修《明史》、《康熙字典》，在位六十一年。一七二二年病死，葬於景陵。

● **世宗胤禛（一六七八年至一七三五年）**

康熙帝第四子，在康熙重臣隆科多、年羹堯協助下，陰謀取得帝位。年號「雍正」。

一七二九年，設立軍機處，以加強君主專制，在位十三年，葬於泰陵。

● **高宗弘曆（一七一一年至一七九九年）**

雍正帝第四子，一七三五年即位，年號「乾隆」。
在位六十年後，禪讓於嘉慶帝，自稱太上皇。
在位期間，勵精圖治，使大清達到強盛頂點，自稱十全老人。
執政後期，朝中政治腐敗，任用貪官和珅二十年，朝中貪污之風興盛；六次下江南，二十餘次巡幸塞外更讓國庫虧空，是其後嘉慶年間國運勢頹的遠因。
一七九九年病死，葬於裕陵。

● 仁宗顒琰（一七六〇年至一八二〇年）

乾隆帝第十五子，原名永琰，後為避免避諱擾民，改稱顒琰，年號「嘉慶」。
一七九九年親政，戮殺乾隆寵臣大貪官和珅，下令整頓吏治；但由於成效不彰，無法遍及全不層級，政治日趨腐敗，最終導致白蓮教、天理教等民亂，史稱「嘉道中衰」。
一八二〇年，木蘭秋獮（秋狩），七月，死於承德避暑山莊，葬於昌陵。

● **宣宗旻寧（一七八二年至一八五〇年）**

三十九歲繼位，年號「道光」，在位三十年。

執政時期，正值中華多事之時。鴉片戰爭中，第一個同洋人打仗，也是第一個把香港割讓給英國人的皇帝。但他也是中國唯一穿補丁龍袍上朝的廉政皇帝。

一八五〇年病死，葬於慕陵。

● **文宗奕詝（一八三一年至一八六一年）**

道光帝第四子，二十歲即位，年號「咸豐」。

在位十一年間內憂外患不斷，雖然勤於政事，但當時朝野政治腐敗，已然欲振乏力。

太平天國起兵，八旗、綠營兵潰敗。

一八六〇年，英、法聯軍進攻北京，他攜著慈禧等后妃逃奔熱河，北京城遂遭血洗，圓明園被焚。

一八六一年，死於熱河行宮，葬於定陵。是大清歷史上最後一位握有實權的皇帝。

●穆宗載淳（一八五六年至一八七五年）

咸豐帝長子，於一八六一年咸豐帝彌留之際被立為皇太子。咸豐帝病死熱河，載淳六歲登基，年號「祺祥」，辛酉政變後改元「同治」。由於年幼，由生母慈禧太后垂簾聽政，重用漢人李鴻章、曾國藩，興辦洋務，頗有發憤圖強之意，此時期史稱「同治中興」。

同治晚年經常微服私行四下尋花問柳，一八七五年病死，享年十八歲，葬於惠陵。

●德宗載湉（一八七一年至一九〇八年）

三歲時過繼與清文宗，即帝位，年號「光緒」，由慈禧太后垂廉聽政。

一八八八年大婚，宣告親政，但實權仍在慈禧太后手中。

一八九四年甲午戰爭爆發，戰敗後變法之聲迭起；一八九八年下《明定國是詔》，全面推動維新變法。

但由於與守舊派衝突日盛，變法不過歷時一〇三日，載湉就被慈禧太后幽禁於中南海之瀛台，戊戌變法就此告終。

一九〇〇年八國聯軍攻入北京之時，被慈禧太后攜往西安，一九〇二年返回北京。

一九〇八年十月，三十八歲，死於瀛台，葬於崇陵。

●宣統帝溥儀（一九〇六年至一九六七年）

一九〇八年，三歲即位，即位時年號「宣統」。三年後被迫退位，一九二四年被逐出宮。

第二次世界大戰時期，投靠日本，成為傀儡國家滿洲國的皇帝，年號「康德」。後被蘇軍俘虜，引渡給中國政府，押於撫順戰犯管理所。

幾次都想為清朝復辟，但均事與願違。

一九五九年，因中華人民共和國最高人民法院大赦而出獄，返回北京，任職於北京植物園，成為一個普通公民。一九六七年，病逝。

參考書籍

● 裕德齡，《瀛台泣血記》，台灣世一文化。
● 裕德齡，《愛戀紫禁城》，台灣慧明文化公司。
● 未泯，李實，《清宮演義 下冊》，中國人民美術出版社。
● 高陽，《清朝的皇帝》第一、五冊，台灣風雲時代。
● 伏琥，《清宮異聞》，台灣漢欣出版公司。
● 鄭逸梅，《清宮軼事》，中國紫禁城出版社。
● 張建偉，《流放紫禁城》，台灣時英出版社。
● 汪萊茵，《清宮藏照探密》，台灣皇冠出版社。
● 張玉法校定，《名臣評傳》（清），台灣皇冠出版社。
● 《慈禧太后傳》，台灣明祥書局。
● 向斯，《漫遊歷史禁地》，台灣實學社出版公司。
● 柏楊，《中國人史綱 下冊》，台灣星光出版社。
● 黃大受，《中國通史要略》，台灣大中國圖書公司經銷。
● 史仲序，《中國現代史》。

光緒廿六年

作　　者	鄧榮坤
發 行 人	林敬彬
主　　編	楊安瑜
責任編輯	陳亮均
助理編輯	黃亭維
內頁編排	蘇佳祥（菩薩蠻）
封面設計	洪偉傑
出　　版	大旗出版社　行政院新聞局北市業字第1688號
發　　行	大都會文化事業有限公司
	11051台北市信義區基隆路一段432號4樓之9
	讀者服務專線：（02）27235216
	讀者服務傳真：（02）27235220
	電子郵件信箱：metro@ms21.hinet.net
	網　　址：www.metrobook.com.tw
郵政劃撥	14050529 大都會文化事業有限公司
出版日期	2013年3月初版一刷
定　　價	250元
I S B N	978-986-6234-54-5
書　　號	History47

First published in Taiwan in 2013 by Banner Publishing,
a division of Metropolitan Culture Enterprise Co., Ltd.

4F-9, Double Hero Bldg., 432, Keelung Rd., Sec. 1, Taipei 11051, Taiwan
Tel: +886-2-2723-5216　Fax: +886-2-2723-5220
Web-site: www.metrobook.com.tw
E-mail: metro@ms21.hinet.net

大旗出版 BANNER PUBLISHING　大都會文化

國家圖書館出版品預行編目(CIP)資料

光緒廿六年 / 鄧榮坤著. -- 初版. -- 臺北市：
大旗出版：大都會文化發行, 2013.03
256面；21×14.8公分. -- (History47)

ISBN 978-986-6234-54-5 (平裝)

1.清德宗　2.晚清史

627.88　　102002436